ELOGIO
DO
POLÍTICO

SERVIÇO SOCIAL DO COMÉRCIO
Administração Regional no Estado de São Paulo

Presidente do Conselho Regional
Abram Szajman
Diretor Regional
Danilo Santos de Miranda

Conselho Editorial
Ivan Giannini
Joel Naimayer Padula
Luiz Deoclécio Massaro Galina
Sérgio José Battistelli

Edições Sesc São Paulo
Gerente Marcos Lepiscopo
Gerente adjunta Isabel M. M. Alexandre
Coordenação editorial Cristianne Lameirinha, Clívia Ramiro, Francis Manzoni
Produção editorial Simone Oliveira
Coordenação gráfica Katia Verissimo
Produção gráfica Fabio Pinotti
Coordenação de comunicação Bruna Zarnoviec Daniel

VINCENT PEILLON

ELOGIO DO POLÍTICO

uma introdução ao século XXI

TRADUÇÃO
PAULO NEVES

edições sesc

Título original: *Éloge du politique: une introduction au XXIe siècle*
© Éditions du Seuil, 2011
(coleção "La Librairie du XXIe siècle", sob a direção de Maurice Olender)
© Vincent Peillon, 2011
© Edições Sesc São Paulo, 2018
Todos os direitos reservados

Preparação Elen Durando
Revisão Sílvia Balderama, Simone Oliveira
Capa, projeto gráfico e diagramação Tereza Bettinardi

Dados Internacionais de Catalogação (CIP)

P352e   Peillon, Vicent
Elogio do político: uma introdução ao século XXI / Vincent Peillon; Tradução de Paulo Neves — São Paulo: Edições Sesc São Paulo, 2018. — 192 p.

Bibliografia

ISBN 978-85-9493-077-4

1. Ciências Humanas 2. Filosofia 3. Política
I. Título II. Neves, Paulo.

CDD-320

Edições Sesc São Paulo
Rua Cantagalo, 74 – 13º/14º andar
03319-000 – São Paulo SP Brasil
Tel. 55 11 2227-6500
edicoes@edicoes.sescsp.org.br
sescsp.org.br/edicoes
/edicoessescsp

Alguém perguntava recentemente: para quem se escreve? Questão profunda. Deveríamos sempre dedicar um livro. Não que se mude de pensamento quando se muda de interlocutor, mas porque toda palavra, quer o saibamos ou não, é sempre palavra a alguém, subentende sempre certo grau de estima ou de amizade, certo número de mal-entendidos levantado, certa baixeza ultrapassada, e porque, enfim, é sempre por meio dos encontros de nossa vida que um pouco de verdade vem à luz.

MAURICE MERLEAU-PONTY

Nota à edição brasileira 11

O QUE SÃO AS TREVAS? 12
MORTE DE DEUS, FIM DO HOMEM OU DESAPARECIMENTO DO POLÍTICO? 15
O esquecimento do político 15
O Anjo da História 17
Aprender a ver a obscuridade 20
A morte de Deus ou o luto impossível 22
O tempo dos assassinos 24
"Há algo a fazer" 26
"Um Deus em perigo" 28
Desejo de Deus, noite do mundo e responsabilidade humana 29
Morte do homem e fim da filosofia: um segundo espectro essencial 30
O fim da história e o fim do homem: resistências 32
O fim do político 34
A querela dos humanismos 35
O homem inumano e "o humanismo sério" 39

ATUALIDADE DE MERLEAU-PONTY 42
A GUERRA ACONTECEU? QUANDO FILOSOFIA E POLÍTICA SÃO ABANDONADAS À SUA MISÉRIA 45
O filósofo, a mutuca e a cidade 45
"O filósofo de sua política" 47
Um momento antipolítico? 50
Desprezo ao presente e ódio à vida: a filosofia acadêmica 53
Política da verdade: "a exuberância e a proliferação do presente" 55
"Como é possível o antissemitismo?" 58
A crise da democracia ou a antipolítica contemporânea 59
"Esses ônibus cheios de crianças na Place de la Contrescarpe" 60

A MISTIFICAÇÃO LIBERAL OU "AS ILUSÕES KANTIANAS DA DEMOCRACIA" 63
O homem inumano 63
Julgar os homens pela aparência 65
O antissemitismo e a filosofia 68
Compromisso com o mundo 71
Coexistência, conflito e amizade 73
A contingência da história 76
"Maquiavel conta mais do que Kant" 77
Razão e desrazão na história 79
A esperança de uma verdade 82

O TERROR COMUNISTA: UMA REGRESSÃO NO PENSAMENTO POLÍTICO 87
Merleau-Ponty e o marxismo 89
Marxismo e existencialismo 90
Equívoco ou contradição? 93
Merleau-Ponty e Sartre 95
Ditadura do proletariado e esquerda não comunista 99
Metafísica do mendesismo 102
A favor da verdade 104

ENTRE AMIZADE, VIOLÊNCIA E VERDADE 109
"Na cabeça e não no coração" 109
Política da filosofia: a União Soviética e os Estados Unidos 112
Sartre kantiano e pré-marxista 113
Verdade e violência 118
Ver e fazer 120

O MOMENTO MAQUIAVELIANO: HUMANISMO CÍVICO, "SOCIALISMO NUM OUTRO SENTIDO" E "NOVO LIBERALISMO" 123
O conflito como lugar político 124
O meio próprio do político 127
Um poder que seja justo: a política imperfeita 131
A república dos cidadãos 135
O futuro do socialismo 135
Um novo liberalismo 140

LOGOS E ERGON 144

UMA SABEDORIA PARA O NOSSO TEMPO 147
Solidão do homem-Deus 147
Sabedoria, amizade e prudência 149
Pensar humanamente 150
Prometeu desacorrentado 153
O processo da filosofia e os balbucios da história 155
O justo e o bem 156

AS NOVAS TAREFAS DA CRÍTICA 161
Crítica e modernidade 161
Crítica e renúncia 163
A crítica e o povo 165
A nova traição dos intelectuais 168
Crítica e conflito 170
O cínico e o aproveitador 172
As metamorfoses do espaço público: emoção e sensibilidade 174

O PODER DOS SEM PODERES 177
Quais novas luzes? 177
Direitos do homem e política 178
A vida na verdade e a vida na mentira 181

Referências 185
Sobre o autor 191

Nota à edição brasileira

Em meio à complexidade da atual discussão sobre o sentido da política e sua crise de representatividade, o filósofo Vincent Peillon propõe neste livro um debate filosófico sobre o mundo contemporâneo a partir da distinção entre a política, entendida como aquilo que se relaciona com o poder e, especificamente, com seus representantes, e o político, visto como a racionalidade necessária à busca do bem comum e diretamente ligado à vida na cidade.

Para isso, lembra como na Grécia antiga a razão era considerada "filha da cidade", e ressalta como a construção desse espaço comum, onde é possível atingir uma liberdade coletiva, pressupõe sua concepção como um espaço privilegiado de promoção da vida e da civilidade, como um âmbito de conflitos, trocas, discussões e convívio com o diferente.

Baseando-se na obra filosófica de Maurice Merleau-Ponty, para quem "não só filosofia e política são inseparáveis, como a política precede e comanda a filosofia", e também nos preceitos filosóficos de Sócrates, Maquiavel e Claude Lefort, Peillon percorre pontos cruciais da história do século XX a fim de questionar como as bases filosóficas, políticas e sociais do passado não são mais suficientes para o entendimento do presente, que precisa ser desnudado não a partir de verdades absolutas ou visões unilaterais, mas de uma verdade que abarca a possibilidade da busca permanente do múltiplo, do diverso, do relativo e, ainda, a partir de uma conjunção jamais excludente entre política e filosofia.

Este livro traz, portanto, uma abordagem essencial à contemporaneidade, que segue marcada por um avanço da crise ética em diferentes fronteiras sociais e geográficas e pelo fortalecimento do individualismo em contraponto à perda do sentido da vida em sociedade. Temos em mãos, aqui, mais uma oportunidade de repensar a construção da democracia no mundo ocidental, verificando como ela reverbera na organização social do espaço (ainda) público da cidade e em que medida seu *status* atual é responsável pela regressão e pelo esquecimento do pensamento político.

O QUE SÃO AS TREVAS?

A cada época, é preciso tentar arrancar novamente a tradição ao conformismo que está a ponto de subjugá-la. Pois o Messias não vem apenas como redentor; ele vem como vencedor do Anticristo. O dom de atiçar no passado a centelha de esperança pertence apenas ao historiógrafo intimamente convencido de que, se o inimigo triunfa, nem mesmo os mortos estarão em segurança. E esse inimigo não cessou de triunfar.

WALTER BENJAMIN

Morte de Deus, fim do homem ou desaparecimento do político?

Estamos no tempo da premeditação e do crime perfeito.
Nossos criminosos não são mais aquelas crianças
desarmadas, que invocavam a escusa do amor.
São adultos, ao contrário, e seu álibi é irrefutável:
é a filosofia que pode servir para tudo, mesmo para
transformar os assassinos em juízes.
ALBERT CAMUS

O ESQUECIMENTO DO POLÍTICO

Primeiramente, acreditou-se que Deus é que estava morto. Fizeram como se isso nos abrisse ao nosso tempo, nos desse acesso a nós mesmos, como se a morte de Deus nos tornasse contemporâneos de nós mesmos.

Essa crença fez correr muita tinta. Mas é uma crença de papel, que teve por função impedir o acesso a nós mesmos.

Pois, em realidade, Deus, ou o que assim chamamos, vai muito bem. E vai tanto melhor quanto sua morte sempre foi um elemento de sua vida, não havendo, em sua ausência, em seu afastamento, nada de novo. É uma boa notícia para ele, na sua busca do homem, ver sua ausência ou sua morte tão comentada e ocupar um lugar tão importante.

Depois nos disseram que o homem é que havia morrido — em todo caso, certa figura do homem — e que, com o apagamento dessa figura, uma época terminava. Mas o homem vai muito bem, multiplica-se na superfície do planeta, vive cada vez mais tempo, ocupa-se, cuida de sua saúde, se estuda. A verdadeira questão que não quisemos ver é esse "feixe de trevas"[1] que recebemos agora bem na cara: não é nem a morte de Deus nem a morte do

---

[1] Giorgio Agamben, *Qu'est-ce que le contemporain?*, Paris: Rivages Poche, 2008, p. 22.

homem, é o desaparecimento do político, o esquecimento do político e o divórcio da filosofia e do político, que é o aspecto mais evidente que esse esquecimento adquire em nosso presente.

Alguma coisa foi chamada de "o político", que cumpre distinguir de "a política". Esta última diz respeito a um complexo de poderes e de representações que nada tem a ver com a busca do bem comum e a participação de todos nessa busca, que se chama o político. A figura particular do político se estabeleceu no Ocidente a partir da ligação entre certa forma de racionalidade e a cidade: "Desde o início do século VI, verifica-se uma forma de pensamento que coloca as controvérsias e as decisões políticas no mesmo plano que o procedimento racional"[2]. Entre o advento da democracia e o advento do pensamento racional "há correspondências", "eles caminham juntos"[3]. Mas a racionalidade de que se trata não é anterior à discussão na cidade. Ela é também seu produto. Há, portanto, uma ligação de natureza entre filosofia e política, racionalidade e democracia.

Para Aristóteles, o homem é definido ao mesmo tempo como animal político e como animal racional, dotado de linguagem e de argumentos, podendo perceber e discutir valores. A razão é política, e a política só existe porque há uma distância reflexiva entre sua prática e seu conhecimento. Isso permite elevar-se do que é ao que deveria ser.

Ora, é essa ligação, essas correspondências que estão, se não tomarmos cuidado, em vias de se desfazer. É uma evidência de que filosofia e política são inseparáveis e que elas modelaram essa coisa frágil que chamamos de democracia. Isso começa em Atenas e prossegue em Roma. Os alunos de nossas escolas certamente ainda fazem a ligação entre os filósofos do século XVIII e a Revolução Francesa. Seria fácil fazê-la também entre o estabelecimento da Terceira República Francesa e os filósofos, depois entre o final da Segunda Guerra Mundial e a busca de uma nova

---

[2] Jean-Pierre Vernant, "Naissance du politique", *in*: *Oeuvres: religions, rationalités, politique*, Paris: Seuil, 2007, t. 2, p. 2313.

[3] *Idem*, "L'Avènement de la pensée rationelle", *op. cit.*, p. 1945. Nesse texto, Vernant evita toda relação de precedência e de causalidade ou de determinação. Em *Les Origines de la pensée grecque*, a razão é "filha da cidade" (*ibidem*, t. 1, p. 238).

aliança do filosófico e do político para além da mistificação liberal e da falência comunista.

Mas hoje não sabemos mais isso. Pior, não o queremos mais. Esse passado, aquilo que somos, é neutralizado pelas novas potências. Ele não é mais "fonte e raiz"[4], senão para alguns. Toda sociedade, porque se autoinstitui, deve se representar e se aceitar. É o que sabíamos fazer. É o que outras sociedades e outras culturas ainda sabem fazer. É o que não sabemos mais fazer. Nem os indivíduos nem a sociedade de hoje sabem o que querem ser para se valorizar, para se transformar ou simplesmente para se defender de outros modelos poderosos emergentes que não colocaram a democracia, a deliberação e a crítica no centro de seu modelo político.

Assim, não foi Deus quem desapareceu nem o homem. Eles foram pegos em suas mudanças de posição e em suas metamorfoses. É *o político* que está se desfazendo sob nossos olhos.

O ANJO DA HISTÓRIA

Não subestimemos a dificuldade. Ser seu próprio contemporâneo é o que há de mais difícil. Essa dificuldade, na hora da globalização, da confusão e da aceleração do tempo, é ela própria uma das características principais de nossa época. Ela explicaria uma grande parte da desorientação no pensamento que é hoje o nosso. Como nos situarmos em nosso tempo e dirigir nosso pensamento quando não há mais crença ou ideal, quando o futuro está em crise e todo projeto coletivo desmoronou e suscita a desconfiança?

Fixar tal objetivo pode mesmo parecer, pelo menos à primeira vista, a expressão de um grande orgulho. Na hora em que tudo se move tão depressa, em que a multiplicidade dos pontos de vista impera, quanta pretensão querer resumir seu tempo no pensamento, compreendê-lo, dar-lhe sentido!

A mobilidade sem limite do tempo não tornaria esse objetivo apenas pretensioso ou orgulhoso. Torná-lo-ia vão. Como o tempo de hoje é mais rápido que o ritmo do pensamento, este estaria

---

[4] Cornelius Castoriadis, "La Crise des sociétés occidentales", *in*: *La Montée de l'insignifiance*, Paris: Seuil, t. 3, 1996, p. 26.

sempre atrasado. Somente o cálculo, a imagem ou a informação poderiam fazer jus ao presente.

O pensamento estaria destinado agora à deploração, à nostalgia, aos retornos, ele avançaria para trás. Tudo é vaidade, sabemos, mas o pensamento ainda mais, pois capta apenas sombras, atinge apenas o passado. O pensamento e o livro não seriam mais os modos de acesso legítimos ou úteis ao contemporâneo. Por natureza, só poderiam deixá-lo escapar.

No entanto, e como prova de uma real modéstia, de uma verdadeira humildade, foi o encontro brutal, pelo pensamento, de sua própria fraqueza que o conduziu a essa interrogação sobre o presente, nem que seja o de sua impotência, de seu anacronismo, de sua inatualidade. Quem demonstra o mais terrível orgulho, ao contrário, é aquele que se autoriza a pensar, a julgar e a comentar sem antes se interrogar sobre o lugar particular e singular do tempo a partir do qual pode fazê-lo, é aquele que ignora sua própria fraqueza.

Quem acredita poder escapar ao tempo, tê-lo já ultrapassado e vencido pelo pensamento, transposto por sua existência, quem acredita poder abordar as questões essenciais relacionadas ao sentido da vida sem a compreensão do seu presente e nos despeja verdades sem tempo nem lugar como se a universalidade e a eternidade fossem as condições naturais de todas as suas reflexões, de todos os seus sentimentos, de todos os seus humores, esse não demonstra apenas orgulho, pretensão ou mesmo arrogância. Demonstra também leviandade, cegueira e vaidade. Pequeno Deus arrogante, esse homem sem tempo e lugar é alheio a toda humanidade, a começar por ele mesmo. É esse alheamento, é essa alienação que o define mais propriamente. Mas é verdade que a inumanidade é uma possibilidade humana, e que às vezes triunfa e marca época.

Somente "a irreflexão"[5] pode alcançar assim uma transmutação de todos os valores e levar a confundir orgulho e humildade, modéstia e arrogância, sabedoria e húbris, medida e desmedida. Quem não se interroga para compreender seu tempo a partir de experiências que são suas, por mais singulares, pobres e

---

[5] Hannah Arendt, *Condition de l'homme moderne*, Paris: Calmann-Lévy, 1983, p. 38.

fragmentadas que sejam, a partir do complexo de temores e de esperanças que faz nossa condição, esse já não é mais um homem, ele escapa à sua condição.

Mas que vida vamos viver se não tivermos a força de enfrentar nosso tempo, as trevas do presente, por certo, mas também as do passado e do futuro, que são como sua sombra projetada? Quem quer viver não deve recusar seu passado, mas medir-se com ele, levá-lo "à justiça"[6]. Cada um, para viver, deve montar as peças da sua narrativa, forjar seus mitos verossímeis, organizar seu próprio tribunal, distribuir as penas e as recompensas.

O que é verdade quanto ao passado o é também quanto ao presente e mesmo ao futuro, que convocam, tanto um como o outro, nosso julgamento e nosso engajamento.

Nosso destino, em última instância, é semelhante ao do Anjo da História. Certamente, diz Benjamin, "seu rosto está voltado para o passado". Certamente ele não vê as coisas como nós as vemos, pois "lá onde vemos uma cadeia de acontecimentos, ele vê uma catástrofe única que não cessa de amontoar ruínas sobre ruínas e de precipitá-las a seus pés".

Mas se o Anjo da História olha assim o passado, quem poderia pensar que é por um gosto pela morte?

Não nos enganemos. É por um gosto pela vida que o Anjo da História olha assim em direção ao passado. Ele gostaria de poder nos livrar da possível repetição, isto é, de certa inocência do futuro, de certa irreflexão do presente e de certo desprezo pelo passado que não são mais do que a continuação daquela "catástrofe única" que não devemos aceitar. O que o Anjo da História "realmente gostaria", nos diz Walter Benjamin, é de "deter-se, despertar os mortos e juntar o que foi desmembrado"[7].

O Anjo da História recusa que sejam os mortos a enterrar os vivos[8].

Nós também recusamos.

---

[6] Friedrich Nietzsche, *Considérations inactuelles*, Paris: Gallimard, 1970, p. 113.

[7] Walter Benjamin, "Sur le concept d'histoire", *in*: *Oeuvres*, Paris: Gallimard, 2000, t. 3, p. 434.

[8] Nietzsche adverte contra os perigos de uma história monumental cuja palavra de ordem seria "Deixem os mortos enterrar os vivos", *op. cit.*, p. 108.

APRENDER A VER A OBSCURIDADE

Sabemos que quem adere demais ao seu tempo, quem coincide plenamente com ele, não o vê. Se o passado e o futuro só existem no presente, o presente em si, tão logo queremos apreendê-lo, nos escapa. Ou porque já passou ou porque ainda não aconteceu. Ele se apresenta sempre no modo do inapreensível, da fuga e do evanescente.

Portanto, só se pode ver o presente tornando-o inatual.

Para ver seu tempo, para pensá-lo, refleti-lo, compreendê-lo, é preciso distanciar-se dele, estar em "defasagem", em "anacronismo" com ele[9]. Somente quem percebe algo de insensato em seu tempo, algo de obscuro e de inatual, que não se reconhece e se acha desorientado nele, pode apreendê-lo.

Evidentemente, cada um de nós preferiria aderir por todos os poros da pele ao presente, à ação, à sua época, sem inquietação nem temor, e cada um preferiria não precisar se interrogar sobre o sentido desse presente, porque ele guardaria espontaneamente, imediatamente a verdade em seu corpo e em seu espírito. Essa questão não teria sequer sentido para ele. Seria inútil. Como o gesto perfeito do ginasta, a vida seria um automatismo, uma harmonia completa, e toda reflexão, todo distanciamento, toda interrogação e todo olhar sobre ele só fariam romper a harmonia, falsear o gesto, dessincronizar o encadeamento, provocando o erro, a desgraça e a queda.

Essa adesão perfeita ao presente é talvez a vida dos animais. Talvez seja também a vida dos deuses. Ela não é a do homem, animal doente e deus falhado, que da satisfação só conhece a falta, o desejo e o inacabamento. Entrevemos o que pode ser o teor dessa adesão no momento das grandes dores e dos grandes prazeres, quando a consciência de si se aproxima do desmaio: é um presente próximo da eternidade que encontramos aí, presente vivo, palavra plena. A beatitude é tão simples e direta como um instinto. É o instinto de um deus ou de um animal, aquém ou além da consciência. Esquartejados sempre entre nostalgia e esperança, intuição e reflexão, atividade e passividade, proximidade e distância, mestiços de corpo e de espírito, anjos e animais ao mesmo

---

[9] Giorgio Agamben, *Qu'est-ce que le contemporain?*, op. cit., p. 11.

tempo, vivemos em dois mundos, o da lama, da sujeira e da confusão, o das verdades necessárias e eternas, o do instante e o da eternidade. O destino da humanidade escapa da simplicidade e da unidade que ela almeja.

Então, o que pode significar para nós, hoje, molhar nossa pena "nas trevas de nosso presente"? O que significa ser capaz de receber "em pleno rosto o facho de trevas que provêm de nosso tempo"[10]? O que é que o nosso presente não quer ver, não pode dizer, recusa-se a enfrentar? Como definir precisamente nossa situação presente? De qual esquecimento se trata?

É aqui que a tarefa se torna ainda mais difícil do que pensávamos, pois a dificuldade de princípio aumenta com uma dificuldade de conjuntura própria à nossa época.

Não que haja uma novidade em combater pelo sentido ou para assegurar o domínio do tempo. Foi sempre um combate essencial tanto para os deuses como para os homens dominar o antes e o depois, a origem e o fim, a passagem e o rito, o calendário e a medida.

Mas o que é novo é que o pensamento não é mais, como em Hegel, o que assegura esse domínio, o que permite descobrir e possuir o sentido último do tempo. Esse poder do pensamento era possível unicamente porque então a essência era o que havia sido. Era lá que se reservava o sentido, conjunção do lógico e do cronológico, do passado, do presente e do futuro.

Hoje, algo em profundidade mudou em nossa relação com o tempo. Não são mais o futuro nem o passado que possuem o segredo do sentido, que são a verdade do tempo, e os filósofos e os profetas praticamente não pesam mais na balança dos poderes. É o presente ébrio de si mesmo que trava a batalha pelo presente. Nessa batalha, conhecer o passado, profetizar o futuro, buscar o sentido do presente a partir de sua espessura temporal, como herança, retomada, recolha e relançamento, nada vale diante da formidável maquinaria de desencadeamento do instante criada pela informação e a comunicação, a imagem e o som.

O presente que advém não está mais ligado ao presente que acaba de passar, como tampouco ao presente que acontece.

---

[10] *Ibidem*, pp. 20 e 22.

Estamos no universo dos presentes sem vínculo, habitamos uma pura sucessão sem duração, um mundo sem memória e, portanto, sem consciência.

A MORTE DE DEUS OU O LUTO IMPOSSÍVEL

Geralmente, considera-se que a situação histórica que é a nossa deva ser compreendida a partir do fato maior que representaria o fim da trajetória do religioso, do teológico-político, a secularização de nossas sociedades, a horizontalidade definitiva que seria a de nossos valores, de nossas existências e de nossas representações[11].

O saber, a ação, a ética, a política e a ciência estariam liberados de Deus. A morte de Deus e o processo de secularização dominariam todas as interrogações sobre o sentido da nossa modernidade de dois séculos para cá. Seriam, portanto, o acesso privilegiado ao nosso presente e seu horizonte insuperável.

Quando Kant escreve *O que são as luzes?*, em 1784, ele assume a ideia de que a modernidade seria, em primeiro lugar, a capacidade do homem de libertar-se das autoridades exteriores e de servir-se por si mesmo de seu próprio entendimento: *sapere aude* (ouse saber). Essa questão é não apenas lógica ou gnoseológica. É teológica, ética, política. E a questão que se coloca hoje para nós é apreciar quais trevas acompanharam essas luzes. Uma "ontologia da atualidade"[12], se ela é possível, deve ter por objeto essa questão: não mais "o que são as luzes?", mas "o que são as trevas?".

A época moderna deveria, pois, ser compreendida como secularização do cristianismo. Todas as outras questões: reinado da técnica; desocidentalização do mundo; esquecimento do ser; advento do liberalismo, do mercado e da lei; emergência do Estado; reinado da democracia: seriam questões secundárias, tributárias da mutação fundamental caracterizada pelo processo de secularização.

De um ponto de vista filosófico e político, os debates nascidos dessa constatação tiveram por centro, ou pelo menos por motivação, e certamente por linha de conflito, saber se é possível escapar

---

[11] Marcel Gauchet, *Le Désenchantement du monde*, Paris: Gallimard, 1985.
[12] Michel Foucault, *Le Gouvernement de soi et des autres: cours au Collège de France (1982-1983)*, Paris: Seuil/Gallimard, 2008, p. 22.

da estrutura do teológico-político, se não haveria simples recondução ou reinvestimento desta última em teorias que acreditavam, não obstante, emancipar-se dela. As grandes filosofias da história, religiões de salvação terrestre, reproduziriam assim essa estrutura teológico-política e suas determinações: escatologia (afirmação de um fim da história), soteriologia (doutrina da salvação), necessitarismo (Providência), estado clerical.

Entre o teológico e o político, entre a heteronomia e a autonomia, a ruptura não seria tão clara. Apenas as formas adotadas por essas questões seriam novas, elas girariam sempre em torno de uma mesma invariante. Mas outros negaram essa reprodução e quiseram marcar, ao contrário, uma descontinuidade na história. Ou a modernidade não seria tão moderna assim ou o seria mais do que acreditamos ou, ainda, o seria de uma maneira diferente do que pensamos.

A derrocada das filosofias da história na segunda metade do século XX teria então aberto um segundo regime da secularização, mais definitivo. Depois das religiões da salvação terrestre que substituem a Providência pelo progresso e Deus pelo homem, teria chegado o tempo pós-moderno da derrubada real de todos os valores, o do Anticristo e do anti-humanismo, o da estrutura. Alguns puderam confiar nesse tempo. Mas foi um sonho fugaz, uma esperança que logo se desfez.

A estrutura, o inconsciente, o algoritmo e o conceito não destronaram mais a Deus do que o homem o fizera antes deles. Nosso tempo continua dando lugar à religião, a Deus, e o teológico-político não parece ter-se ausentado do campo da história, nem mesmo da história ocidental. Seria uma ingenuidade e uma suficiência acreditar ou ter podido acreditar nisso, uma ilusão lírica também.

Certamente, pode-se considerar com razão, justeza e discernimento que há metamorfoses profundas, mutações, na relação do político e do teológico, nas práticas dos crentes, e também, por que não, metamorfoses do próprio Deus ou do divino.

Mas a morte de Deus não pode ser considerada como o fenômeno maior a partir do qual nosso tempo pode ser compreendido, a não ser acrescentando, então, que é uma maneira muito própria dele de estar sempre presente e diabolicamente vivo na interrogação e na preocupação dos homens. O fato é incontestável. Desde que ele morreu, não se para de falar dele, de concebê-lo, de invocá-lo, e alguns ainda morrem por ele. Há uma astúcia de Deus na história que não sabemos ainda se é uma astúcia da razão ou uma astúcia da desrazão.

Se a morte de Deus é um acontecimento decisivo, uma virada em nossa modernidade, é unicamente por inaugurar um tempo curioso, o dos crimes, das perdas, dos espectros, um tempo que se pensa a partir de mortos dos quais não se consegue, precisamente, fazer o luto[13].

Pode-se achar essa morte de Deus desejável, combater com vigor para que ela tenha realmente acontecido. Querer desembaraçar-se do fardo de Deus continua sendo um projeto atual inteiramente legítimo e justificável. Mas mostra bem, precisamente, que Sua morte foi anunciada com um pouco de precipitação, e isso não deve tampouco nos impedir de ser lúcidos. Mesmo no pensamento dos ateus há um Deus que ecoa, um Deus por fazer, um Deus que interroga o homem sobre sua presença, um Deus por vir[14].

O TEMPO DOS ASSASSINOS[15]

Para nós, portanto, a questão não é a do Deus ausente ou a do Deus oculto ou a do Deus que nada tem a nos dizer ou nada a nos perguntar.

Todos os que querem compreender a morte de Deus como um acontecimento que nos diz algo sobre Deus se extraviaram. Assim como a crença em Deus nada nos diz sobre Deus, mas somente sobre quem nele crê, também a morte de Deus nada nos diz sobre Deus, mas apenas sobre o insensato que pretende tê-lo matado.

---

[13] Para essa abordagem, cf. o trabalho de Quentin Meillassoux, para quem um "espectro essencial" é "um morto cuja morte foi tal que não podemos fazer o luto dele": "Deuil à venir, dieu à venir", *Critique*, n. 704-705, jan.-fev. 2006, p. 105.

[14] Manfred Frank, *Le Dieu à venir, leçons I e II*, Paris: Actes Sud, 1989. Essa expressão é o nome, para Hölderlin, de Dioniso. Manfred Frank insiste na figura progressista desse Deus por vir que se pode encontrar, por exemplo, em Ernst Bloch. Sobre a questão do Deus dos ateus e do Deus em devir ou do Deus por fazer, cf. nosso livro *Une Religion pour la République: la foi laïque de Ferdinand Buisson*, Paris: Seuil, 2010.

[15] Henry Miller, *Le Temps des assassins: essai sur Rimbaud* [*The Time of the Assassins*, 1956], Paris: Oswald, 1970.

Já que somos seus assassinos, já que sua morte é nossa decisão, nosso ato, nosso anúncio, ela é também nossa responsabilidade. O que significa para nós essa pesada responsabilidade de ter matado Deus ou, pelo menos, de afirmar e reivindicar isso?

Se há uma única e mesma questão, não é a da ausência de Deus, mas a da incapacidade que teríamos de sentir essa ausência como ausência. Não é a questão do desejo de Deus — o que supõe sua ausência, sua falta —, mas a da ausência mesma do seu desejo que seria nova. Ora, essa não é uma leitura correta de nosso tempo. Ao desejo de Deus não sucede uma ausência de desejo, mas sim um novo desejo, o de matar Deus. Deus é confrontado com uma fé dos tempos modernos que é a vontade de matá-lo, de aniquilá-lo. É confrontado com uma nova religião que é religião de morte, de ódio e de perseguição a ele.

Deus não está morto. Deus é aquele que querem matar.

Deus criou o homem. Ele o criou livre e lhe deu, portanto, a liberdade de matá-lo.

Mas o Deus assassinado pelo homem não pode mais ser o mesmo Deus. É preciso modificar sua ideia. O que é um Deus que se pode assassinar? O que é um Deus que se tornou vítima e espectro?

Um Deus todo-poderoso que é, ao mesmo tempo, um Deus soberanamente bom não pode ter permitido Auschwitz. Isso obriga a pensar Deus de outro modo: "E eu digo agora: se ele não interveio, não é de modo algum porque não quisesse, mas porque não podia"[16].

Pela criação, Deus se autolimitou, o que tem consequências consideráveis do ponto de vista político: "Deus, após ter-se inteiramente dado ao mundo em devir, nada mais tem a oferecer: é ao homem que cabe agora dar. E ele pode fazer isso cuidando para que, nos caminhos de sua vida, não aconteça, ou não aconteça com muita frequência, e por causa dele, homem, de Deus lamentar ter deixado devir o mundo"[17].

Deus não está morto, já que vivemos na atmosfera pesada e pútrida de sua decomposição, porque sua morte, sua agonia, seu

---

[16] Hans Jonas, *Le Concept de Dieu après Auschwitz*, Paris: Rivages Poche, 1994, p. 34.
[17] *Ibidem*, pp. 38-39.

sofrimento e seu perigo estão hoje no horizonte de nossa existência e no centro de nosso pensamento. Nas notas de trabalho preparatórias de seu último curso, em 1961, Maurice Merleau-Ponty escreve a propósito da morte de Deus: "isso não quer dizer (Heidegger): *es gibt keinen Gott*. Isso quer dizer: é preciso pensar o absoluto como capaz de morrer..."[18]. Mesmo se esta vida é desesperadora, ela é a vida de Deus e nossa vida em Deus. Outrora, segundo São Paulo, é em Deus que vivíamos e nos movíamos: *in Deo vivimus, movemur et sumus*[19]. Agora, é em sua morte que nós, contemporâneos, à nossa maneira religiosa, vivemos e nos movemos.

"HÁ ALGO A FAZER"

Tudo isso, agora já faz muito tempo que o sabemos. Evacuemos primeiro a visão ingênua de um mundo ordenado por Deus e que se dirige, natureza ou homem, à sua perfeição. A essa concepção, que Merleau-Ponty identifica como sendo tomista, ele prefere a concepção agostiniana, que reaparece em Pascal ou Malebranche, de um Deus que autoriza nossa liberdade e que é "mais nós mesmos do que nós"[20]. Esse Deus, evidentemente, não pode morrer, posto que, quando o assassinamos, ele é então seu próprio assassino, e, desde o início, essa possibilidade é uma possibilidade de sua vida: "Ele não existe menos quando os homens dele se desviam"[21].

A situação, portanto, é clara. A partir do momento em que há encarnação, Deus não está mais no Céu: "ele está na sociedade e na comunicação dos homens, em toda parte em que homens se reúnem em seu nome"[22].

Isso muda tudo. Não é mais um Deus que pré-ordena o mundo e nós mesmos. Não é um Deus que teria instalado em nós sua

---

[18] Maurice Merleau-Ponty, *Notes de cours (1959-1961)*, Paris: Gallimard, 1996, p. 279. A tradução de *es gibt keinen Gott* é: "Não há Deus".

[19] Essa referência a São Paulo e à universalidade do gênero humano está presente nos socialistas Leroux, Malon ou Jaurès, que cita essa fórmula em sua tese *De la Réalité du monde sensible*, Paris: Alcuin, 1994, p. 276. Sobre a relação dos socialistas e de São Paulo, cf. o belo livrinho de Jean-Michel Rey, *Paul ou les ambiguités*, Paris: Éditions de l'Olivier, 2008.

[20] Maurice Merleau-Ponty, *Sens et non-sens*, Paris: Nagel, 1966, p. 310.

[21] *Ibidem*, p. 309.

[22] *Ibidem*, p. 313.

perfeição imóvel e que nos preserva das vicissitudes, das manchas, dos riscos da existência, uma eternidade alojada no centro de nosso presente, uma transparência no centro de nossa obscuridade que nos bastaria reencontrar pela fé, pela prova ou pela graça. É um Deus em devir, incompleto, em movimento, que tem necessidade dos homens, de sua fé e de sua ação:

> *E, de fato, o Deus-Homem e a morte de Deus transformam o espírito e a religião. Como se o Deus infinito não fosse mais suficiente, como se algo se mexesse dentro dele, como se o mundo e o homem, em vez de serem uma inútil degradação da perfeição originária, se tornassem os momentos necessários de uma perfeição maior. Deus não pode mais ser plenamente Deus e sua Criação só pode se completar se o homem reconhece isso livremente e o restitui na Fé. Algo se passa, o mundo não é vão, há algo a fazer*[23].

Esse "algo a fazer", quem ousaria dizer que não é o próprio Deus? Mas essa ação não é uma ação de Deus, é uma ação dos homens, uma ação no tempo da história e na cidade. É a política que é aqui responsável por Deus.

Nietzsche, portanto, segundo Merleau-Ponty, não inventou nada: "A ideia nietzschiana de que Deus está morto já está contida na ideia cristã da morte de Deus. Deus deixa de ser objeto exterior para se misturar à vida humana; e essa vida não é simples retorno a uma vida atemporal: Deus tem necessidade da história humana..."[24].

A questão então se inverte. Quando abandonamos a história humana, recusando assumir a história trágica da desumanização como sendo obra nossa e responsabilidade nossa, para chorar por não se sabe qual retirada de um deus que deveria carregar por nós todo o peso de nossa culpa, de nossas faltas e de nossos crimes, que tratamento impomos a Deus?

Se Deus está por fazer, o que fazemos quando o matamos?

A questão não é tanto a da possibilidade ou da realidade da morte de Deus, mas sim a da responsabilidade do homem em

---

23 *Ibidem*, p. 311.
24 Idem, *Le Primat de la perception,* Paris: Verdier, 1996, p. 72.

relação aos outros homens, à natureza, certamente, mas também em relação a Deus.

É uma questão política. A que nova política corresponde a nova teologia da morte de Deus?

Tal é a questão que se coloca ao nosso tempo. E a tarefa que nos cabe é interrogarmo-nos sobre essa vontade de potência e de assassinato que, começando pelo assassinato de Deus, prossegue e se cumpre pelo assassinato do homem.

O que posso conhecer? O que devo fazer? O que me é permitido esperar? Essas três questões, nos diz Kant, se resumem numa quarta: o que é o homem?[25]

É preciso hoje especificar e completar essa questão da seguinte maneira: o que é o homem quando ele é aquele que quer matar Deus?

"UM DEUS EM PERIGO"[26]

Depois do genocídio, os judeus não abandonam essa interrogação, eles a relançam.

Se há um Deus para os judeus, ele não morreu em Auschwitz.

Mas quem são esses homens que, tendo visto matar as crianças, as mulheres, os homens, os velhos judeus, querem, além disso, matar sua fé e seu Deus, sua compaixão e sua esperança?

Claro que a questão excede muito amplamente o destino dos judeus apenas, que não são senão um rosto da própria humanidade e que ela pode assumir e reconhecer, dizendo com tanta força, brutalidade e crueza sua condição universal.

Pois em Auschwitz os que foram exterminados não o foram de maneira alguma em razão de sua fé: "Nada disso tem mais efeito com o acontecimento que leva o nome de Auschwitz. Aqui não tiveram lugar nem a fidelidade nem a infidelidade, nem a fé nem a descrença, nem o crime nem seu castigo, nem a prova nem o testemunho, nem a esperança de redenção, nem mesmo a força ou a fraqueza, o heroísmo ou a covardia, o desafio ou a submissão".

Não, de tudo isso, Auschwitz, que devorou até mesmo as crianças, nada soube. Não foi pelo amor de sua fé que aqueles

---

25 Immanuel Kant, *Logique*, Paris: Vrin, 1982, p. 25.
26 Hans Jonas, *Le Concept de Dieu après Auschwitz, op. cit.*, p. 27.

morreram (como ainda morrem as testemunhas de Jeová); não foi tampouco por causa desta ou de alguma orientação voluntária de seu ser pessoal que eles foram assassinados[27].

A partir do momento em que podiam ser exterminados como judeus as crianças, as mulheres, os homens que não viviam como judeus, que só eram judeus aos olhos de seus carrascos, somos obrigados a pensar de outro modo e a sair das filosofias da consciência.

A nossa responsabilidade em relação ao Deus frágil é uma responsabilidade por todos os homens, uma responsabilidade na história e na cidade. Os teólogos da morte de Deus mostraram seu sentido das responsabilidades. Eles cumpriram sua política de extermínio e de ódio. A política do Deus frágil deve tomar outro curso.

DESEJO DE DEUS, NOITE DO MUNDO E RESPONSABILIDADE HUMANA

Em Auschwitz, a responsabilidade de Deus só entra na medida em que não estivemos à altura da liberdade que ele nos deu. O desejo de Deus é certamente um desejo que o homem sente em relação a Deus, mas é também um desejo que Deus sente para com o homem, a resposta que ele espera de nós desde que Adão e Eva se esconderam de sua presença: "Onde estás?" (Gênesis 3, 9)[28].

Do mesmo modo, a noite do mundo não é o resultado da ausência de Deus, mas de nossa indiferença a essa ausência. É a recusa de ouvir a pergunta, é a recusa de responder a Deus[29], é a ausência de fé e o rompimento do diálogo com Deus que leva a essa catástrofe e nos mergulha na escuridão.

Esse esquecimento não é o da falta de Deus, objeto de um comentário infinito, de um abuso conceitual, de uma meditação sem limite, mas sim a falta do político — que não é sequer reconhecida como tal —, quando se rompe a ligação do político com a misericórdia e a esperança, e quando se abandona a responsabilidade do homem frente à sua liberdade e à sua humanidade.

---

[27] Hans Jonas, *op. cit.*, pp. 11-12.
[28] Abraham Heschel, *Dieu en quête de l'homme: philosophie du judaïsme*, Paris: Seuil, 1968, p. 150.
[29] *Ibidem*, p. 155.

A pergunta não é: Deus morreu ou Deus está vivo?

A pergunta que cada um deve se fazer é: o que tenho a dar a Deus? Que resposta lhe devo? O que faço de minha liberdade, de minha semelhança, de minha humanidade, de meu amor, de meus irmãos e, portanto, o que faço de Deus mesmo?

O que Auschwitz exige não é uma moral ou uma teologia ou uma economia ou uma ciência, é uma política, política do Deus em perigo, do homem inumano e da fragilidade do político.

O que coloca um problema hoje não é a morte de Deus, que não pode morrer, que não é vivo e presente senão por seu sacrifício, senão por nossa liberdade, nossa vontade, nossa ação: é o esquecimento dessa responsabilidade política enquanto tal, o esquecimento de sua fragilidade, de sua vulnerabilidade, de sua impotência[30].

Se o Deus frágil desceu na história, que é a encarnação levada ao extremo — experiência cristã que o catolicismo não consegue nunca assumir completamente em todas as suas consequências —, então não há solução preservada no avesso do mundo, não há religião do Pai[31].

MORTE DO HOMEM E FIM DA FILOSOFIA: UM SEGUNDO ESPECTRO ESSENCIAL

Outros desejariam ter acesso ao nosso tempo a partir de um acontecimento aparentemente mais recente, a morte do homem.

A morte do homem não é apenas a consequência da morte de Deus. É seu acabamento. Michel Foucault, em *As palavras e as coisas*, estabelece claramente a ligação: "Nietzsche reencontrou o ponto em que o homem e Deus pertencem um ao outro, em que a morte do segundo é sinônimo da morte do primeiro, e em que a promessa do super-homem é primeiro e antes de tudo a iminência da morte do homem"[32]. A publicação de sua *Antropologia de um ponto de vista pragmático* permite verificar que esse ponto estava aceito, para ele, muito antes:

---

[30] "Há uma espécie de impotência de Deus sem nós", escreve Merleau-Ponty em *La Prose du monde*, Paris: Gallimard, 1969, p. 118.

[31] Maurice Merleau-Ponty, *Sens et non-sens, op. cit.*, p. 315.

[32] Michel Foucault, *Les Mots et les choses*, Paris: Gallimard, 1966, p. 353.

> *O empreendimento nietzschiano poderia ser entendido como ponto de suspensão dado, enfim, à proliferação da interrogação sobre o homem. De fato, a morte de Deus não se manifestou num gesto duplamente assassino que, pondo um termo ao absoluto, é ao mesmo tempo assassino do homem. Pois o homem, em sua finitude, não é separável do infinito do qual ele é simultaneamente a negação e o arauto; é na morte do homem que se cumpre a morte de Deus[33].*

A morte de Deus seria claramente o melhor acesso a uma "ontologia do presente" e também o começo de outra coisa, de outro pensamento, uma "nova aurora"[34]. Se essa expressão é tomada de Nietzsche, Michel Foucault retoma a ideia de um fim que seria um começo: "A trajetória da questão *Was ist der Mensch?*, no campo da filosofia, se completa na resposta que a recusa e a desarma: *der Übermensch* [o super-homem]"[35].

Hölderlin, Feuerbach, Hegel ou Marx já haviam constatado o afastamento do deus e dos deuses. Mas não cessaram de "restabelecer para o homem uma morada estável nesta terra"[36]. Se eles quiseram matar Deus, é para que o homem vivesse e vivesse melhor, plenamente homem, reconciliado consigo mesmo. Ora, ao passar da teologia ao humanismo, em realidade eles continuaram prisioneiros do círculo de remissão de um ao outro, de sua disposição comum.

Aquele que matou Deus, se esse assassinato deve ter um sentido e inaugurar outra época, deve ser também "o último homem". Este deve ser o assassino dele mesmo enquanto matador: "seu assassino está destinado a morrer"[37]. O cumprimento da morte de Deus passa pela morte do homem que o matou, "o fim de seu assassino"[38].

---

[33] *Idem*, "Introduction", *in*: Immanuel Kant e Michel Foucault, *Anthropologie du point de vue pragmatique et Introduction à l'ántropologie*, Paris: Vrin, 2008, p. 78.

[34] *Ibidem*, p. 79.

[35] *Ibidem*.

[36] *Idem, Les Mots et les choses, op. cit.*, p. 396.

[37] *Ibidem*.

[38] *Ibidem*.

A morte de Deus corresponderia então ao tempo da segunda secularização, e somente a segunda secularização realizaria a primeira. Uma vez morto o homem, Deus não pode continuar a viver sua vida de espectro, de morto que não desaparece. Ou se liquidam os dois juntos, a teologia e o humanismo, ou não se liquida nada nem ninguém. Esse pensamento teve ao menos o mérito da radicalidade. E ele é politicamente consequente. A morte de Deus exige a aniquilação do homem.

O FIM DA HISTÓRIA E O FIM DO HOMEM: RESISTÊNCIAS

Para a maior parte dos filósofos, o liberalismo é uma filosofia modesta que, tomando o homem tal como ele é, busca construir uma sociedade que permita limitar o mal de que o homem é capaz[39]. É uma teoria dos limites do poder, dos direitos imprescritíveis da pessoa, da organização das liberdades entre si pela medida, pelo limite e pela lei, da separação do público e do privado. Por oposição a todos os pensamentos que pretenderam possuir o Bem e que quiseram, a partir daí, formar o homem novo e a sociedade ideal, é a modéstia mesma do liberalismo que o teria preservado dos grandes desastres e teria assegurado seu sucesso.

A vitória definitiva do liberalismo é uma bela maneira de celebrar o fim da história. Que final mais belo, na falta da sociedade sem classes, podia-se desejar do que essa vitória da democracia, do direito, do indivíduo, da liberdade e o crescimento conjunto da riqueza e da emancipação das pessoas e dos povos?

Sempre se pode sentir saudade dos tempos antigos e sonhar com restaurações: isso traduz apenas, afinal, uma desqualificação pessoal, que é muitas vezes a dos intelectuais na sociedade de hoje. Mas, na verdade, é difícil anunciar o fim da história enquanto as ciências e as técnicas, às quais o liberalismo deve tanto, ainda progridem. Ora, essas ciências progridem de tal

---

39 Cf. Jean-Claude Michéa, *L'Empire du moindre mal: essai sur la civilisation libérale*, Paris: Flammarion, 2010.

maneira que elas fazem a humanidade correr o risco de seu próprio desaparecimento[40].

Assim a superioridade do liberalismo não estaria mais em sua modéstia, no fato de ele não se propor a mudar a natureza humana, de produzir um homem novo, mas na inteligência dos meios que emprega para chegar a isso, meios ao mesmo tempo mais sutis e mais poderosos, portanto mais eficazes. O condicionamento liberal, do mercado, do direito e agora da ciência, em particular da biotecnologia e das possibilidades novas de manipulação genética que ela abre, seria mais eficaz que os meios utilizados pelas grandes ideologias do homem novo. Estas teriam pecado menos por suas finalidades do que pelo caráter inapropriado dos meios usados para chegar a elas. No horizonte de duas ou três gerações, teria acabado então a história, não em razão do triunfo planetário da política liberal, mas porque seria o fim da própria humanidade. Tal seria a última palavra da história e do liberalismo, forma única e insuperável do político.

Após as mortes conjuntas de Deus e do homem, trata-se então, para muitos filósofos políticos contemporâneos, da salvaguarda do humano e da humanidade, em particular ante o desenvolvimento das técnicas do ser vivo. A questão seria a da sobrevivência da humanidade como gênero, essa abstração denunciada por todos aqueles que, não vendo o homem no indivíduo, sempre pensaram que era preferível amar o gênero para não amar a pessoa em particular.

No artigo que dedica a Max Scheler, Maurice Merleau-Ponty critica "o humanismo burguês" como abstração que conduz, primeiro pelo ódio a Deus e depois pela depreciação da natureza, à devastação do próximo[41]. O humanismo burguês, assim como o humanismo prometeico, rejeita o amor de si que ele considera uma complacência a si. Não compreende, pois, que é preciso amar seu próximo como a si mesmo. Como o poderia, se ele não

---

[40] É a objeção feita a Francis Fukuyama após seu livro *La Fin de l'histoire et le dernier homme*, Paris: Flammarion, 1992; é à discussão séria dessa objeção que ele responde em seu livro *La Fin de l'homme: les conséquences de la révolution biotechnique*, Paris: Folio, 2004.

[41] Maurice Merleau-Ponty, "Christianisme et ressentiment", *La Vie intellectuelle*, ano 7, t. 36, junho 1935, in: *Parcours I. 1935-1951*, Paris: Verdier, 1997, pp. 27-28.

ama a si mesmo? Para ilustrar essa posição de um humanismo inumano, anti-humano, Merleau-Ponty cita a célebre frase de Auguste Comte que recomenda amar seu próximo mais do que a si mesmo. Trata-se claramente de um humanitarismo do ressentimento. Ele ama a humanidade apenas como gênero.

O FIM DO POLÍTICO

A morte de Deus significa o advento do super-homem, "nova aurora", portanto, do homem novo, do homem-Deus, aquele que assassina Deus, mas que também assassina a si mesmo e seus semelhantes. Se o inferno já está cheio de boas intenções, imagine-se o que será daquele que se toma por Deus.

A morte do homem apenas leva a morte de Deus até suas consequências, ela a completa: metamorfose do homem, advento de um homem novo.

Mas esse homem novo é primeiramente o produto de um crime, de um assassinato ou de uma ruptura, assassinato de si, inclusive, e ruptura em relação a si mesmo. Portanto, não se define como retomada, tradição, recomeço. Ele faz-se novo a partir de uma negação, de uma rejeição, de uma descontinuidade. Seu nascimento é um crime; sua vida, um suicídio e um luto. É o homem que rejeita a humanidade, nele e nos outros, e a tradição humana inteira.

O que se rejeita, nesse caso, é sempre a mesma coisa.

Pode-se acreditar seriamente que é Deus? Seria dar prova de muita ingenuidade e de uma grande ignorância das modalidades de sua presença na história, que não é nem nunca foi a de uma coisa.

O que se rejeitaria seria então o homem, pelo menos "o velho homem", o das ciências humanas, um estranho "duplo empírico-transcendental"[42]?

No entanto, aí também, incontestavelmente, o miserável se agarra, persevera em seu ser, e não parece disposto a deixar-se assassinar em praça pública sem exercer, na falta de ser kantiano, seu direito liberal de resistência. E o faz tanto no plano empírico, em que ensaios eruditos, experiências e pesquisas se acumulam,

---

[42] É como Michel Foucault designa o homem das ciências humanas (*Les Mots et les choses*, op. cit., p. 329).

como no plano transcendental, em que as analíticas da finitude, as egologias e outras antropologias e metapsicologias se mantêm saudáveis e dão receita.

Por meio desses crimes vãos, desses assassinatos impossíveis e não obstante continuados, o que é atacado e visado é o político.

Pois em nome de que se pode consumar a morte de Deus e do homem? Com qual propósito, com qual segunda intenção?

A redução da política à moral, a vitória definitiva do liberalismo e a ocultação da questão social, a colocação à prova e a superação da filosofia, a morte de Deus e a morte do homem como seu acabamento formam sistema. O gesto é total. Para além das errâncias dos engajamentos, das contradições dos propósitos, essa modernidade nos deixa desamparados diante do futuro, tendo por todo horizonte e todo ideal a reivindicação de lutas parciais, a defesa de interesses particulares ou, ainda, o cuidado de si.

Sendo assim, se não há mais política, não é porque não há outra política possível, mas porque o que constituía o político enquanto tal, isto é, a possibilidade de um vínculo entre os homens que não seja apenas um vínculo de interesse, mas uma obra comum, um bem comum, uma responsabilidade compartilhada, não é mais vista como uma possibilidade para o presente.

A QUERELA DOS HUMANISMOS

Ninguém contesta hoje que a secularização que substitui Deus pela humanidade não é ruptura, mas reinvestimento, e que, de certo modo, desde o início da era moderna, o Estado tomou o lugar de Deus. O discurso dos anarquistas, de Stirner, de Bakunin, é agora o da própria Universidade.

Toda autonomia se conquista e se funda a partir de uma heteronomia. A montagem antropológica ligada ao cristianismo, que faz o homem à imagem de Deus, pode perfeitamente eliminar Deus como referência do político e do direito: a necessidade "de referir todo ser humano a uma instância que garanta sua identidade e que simbolize a interdição de tratá-lo como uma coisa"[43]

---

[43] Alain Supiot, *Homo juridicus: essai sur la fonction anthropologique du droit*, Paris: Seuil, 2005, p. 48.

subsiste sempre. Que tal instância se chame Deus, humanidade ou Estado, é uma função indispensável. Ora, essa função estaria hoje sendo questionada, e nossa modernidade, a crise do sentido, da legitimidade, a elisão do político, seria ruptura conjunta com Deus e a humanidade, isto é, em realidade com o "Terceiro que garante identidades"[44].

Se para nós se coloca a questão do que somos e, portanto, do que podemos vir a ser, a pertinência do diagnóstico e a justeza da problemática são decisivas. Como sempre, o que está em questão é, primeiramente, dissimulado sob as aparências, sob o atual, a moda, a opinião. Mas são apenas chamarizes.

O homem não é uma invariante da história; tampouco o divino. Há maneiras muito diversas de considerar a relação dos homens consigo mesmos, com os outros homens, com os deuses ou com Deus.

Pode-se afirmar que, com a saída da religião, que data do final do século XVI, não há congruência da morte de Deus e da morte do homem, mas, ao contrário, emergência de uma nova figura do sujeito moderno, emergência de um novo modo da humanidade. O mesmo movimento histórico gerou as condições de possibilidade, no nível teológico-político, das democracias liberais modernas e, de maneira mais global, da modernidade como lugar onde, de Descartes a Kant, de Maquiavel a Marx, a humanidade se define primeiramente em relação a si mesma e dita sua relação à transcendência, em vez de deixar que esta se imponha e prescreva.

Pode-se afirmar do mesmo modo que a nossa modernidade, a do ultraliberalismo — a não confundir com a democracia liberal que ela vem, ao contrário, contestar —, articula conjunta e intimamente uma dupla figura na qual se conjugam um modelo antropológico novo e uma negação do político. Assim, não se trata, com a emergência do *Homo oeconomicus*, de uma morte do homem, mas de uma metamorfose do humano ligada precisamente à elisão do político. Teria esse homem, cuja figura emerge na modernidade desde o século XVII, já desaparecido? Não teria sua figura se apagado como um rosto de areia? Não se pode afirmar, inversamente, que essa potencialidade humana estaria

---

[44] *Ibidem*, pp. 76 ss.

progressivamente em vias de se impor e que esse homem novo estaria ainda "diante de nós"[45]?

Portanto, nossa modernidade está sujeita a controvérsias. Todavia, pode-se observar que não há política, qualquer que seja, sem que se coloque uma relação com finalidades e com um fundamento que envolvem certa ideia do homem e da relação do homem, entendido também como comunidade dos homens, com princípios e com valores que devem fundar uma legitimidade incontestável ou, pelo menos, aceitável. Nenhuma política está fechada em si mesma nem repousa sobre si mesma. Um positivismo político é impensável. A política tem sempre necessidade de uma metapolítica.

Ao se desfazer essa articulação do político e do filosófico, no sentido muito preciso de que a característica de nossa civilização desde a Grécia é ter permitido um tipo de organização coletiva na qual se delibera e discute a relação da cidade com princípios, fundamentos, valores e finalidades, há o risco de se desfazer ao mesmo tempo essa comunidade possível[46].

A questão essencial hoje, que atinge e diz respeito à nossa própria vontade de viver, é uma questão política. Essa questão tem a ver diretamente com a natureza, a definição e o estatuto do político em nossa civilização.

Pode-se aceitar um político rebaixado ao econômico, à moral, ao direito no sentido contratual e positivo, à burocracia, à sociologia, à política? Ou deve-se afirmar e reivindicar um político que não rompa nem com a filosofia nem com o transcendente, seja ele teológico ou de outra natureza, mas, ao contrário, o coloque em discussão na definição comum de uma humanidade que, pela linguagem, pela razão, por argumentos, quer determinar o que é o bem e o mal, o justo e o injusto, e determiná-lo conjuntamente no espaço comum da cidade, com o instrumento comum da razão, e sem deixar-se

---

[45] Marcel Mauss, "Essai sur le don", in: *Sociologie et Anthropologie*, Paris: PUF, 1985, p. 272.

[46] A ideia do Deus por vir seria precisamente permitir essa possibilidade. "O recuo do sentimento de dependência tem também por primeira consequência a perda da comunidade humana e do sentimento de solidariedade" (Manfred Franck, *Le Dieu à venir, op. cit.*, p. 64).

comandar por ninguém, nem pelos padres, nem pelos ricos, nem pelos bem-falantes, nem pelos que exercem o poder?

Não existe política, mesmo democrática e liberal, de procedimentos puramente jurídicos. Toda política, e antes disso toda sociedade, carrega consigo, se constrói ou se tece — a partir de uma concepção substancial que tem por objeto tanto a vida boa, o bem comum, como escolhas axiológicas diversas relacionadas não apenas a valores, ideais, tipos, mas que se declinam através dos afetos, dos gostos, dos comportamentos, da corporeidade, dos costumes — certa ideia do homem e da relação do homem com Deus ou com a alteridade.

A morte de Deus e a morte do homem parecem, de fato, construções puramente intelectuais reservadas a alguns amantes de "jogos de palavras" totalmente indiferentes às realidades do mundo e da vida. Contudo, elas têm uma função ideológica bem precisa. Elas formam sistema, e sistema de ilusão. Não são senão simulacros, engodos, divertimentos, para dissimular a verdadeira novidade de nosso tempo: a morte do político. Essa dissimulação não é um simples erro. É uma ação positiva e determinada. Ela permite cumprir essa morte, contribui para ela.

O que vemos não é, na verdade, desatar as relações do político e do teológico. Essa questão é antiga. Pode-se considerar que ela começa com o humanismo do Renascimento, prossegue com Espinosa, depois com a filosofia do século XVIII, e que ela é a questão principal de nossa cultura ou de nossa civilização há pelo menos quatro séculos. Seu relato é bem conhecido, bem sinalizado.

Ocorre exatamente o mesmo no que concerne à natureza do homem. Há muito o humanismo do Renascimento lançou a ideia de que o homem não é prisioneiro de sua natureza, mas que lhe cabe, ao contrário, produzir sua humanidade, criar-se a si mesmo. Assim, seja em sua versão teológica ou em sua versão leiga, essa ideia é a melhor compartilhada pela modernidade. O que caracteriza a humanidade do homem é, precisamente, ser uma criatura perfectível, histórica, que escapa à natureza, que se torna o que ela é pela vontade, pela inteligência e pela ação.

Se a morte do homem significa que há maneiras históricas diferentes de ser homem ou que o homem não tem, por princípio, natureza imutável, então é preciso convir que isso não é uma novidade em nossa filosofia, mas sim um dos fundamentos dessa filosofia desde a abertura do ciclo moderno no Renascimento.

Não se trata de dizer que não há mais política. A política substitui o político.

Não se trata mais de dizer que é o fim da filosofia. Esta retorna sempre, nem que seja a partir de outra experiência do pensamento que vem complicá-la[47].

Trata-se do fim da ligação entre político e filosófico como característica principal de nossa civilização desde a Grécia antiga.

O HOMEM INUMANO E "O HUMANISMO SÉRIO"

Do mesmo modo que o genocídio interroga a ideia de um Deus todo-poderoso e soberanamente bom e compreensível que não estaria comprometido com a adversidade do mundo e continuaria, indiferente e impassível, portador da resolução de todos os conflitos, ele interroga a ideia de um homem de direito divino. Se substituirmos esse Deus por uma consciência soberana, transparente, o humanismo se torna outra versão da mesma teologia. Não se compreende como o homem do humanismo de pleno direito possa ter feito Auschwitz.

Do mesmo modo que, com Auschwitz, Deus deve renunciar à sua onipotência, o homem também deve renunciar à sua natureza boa. Ele está comprometido com a violência, com a história, com a barbárie. Ele deve admitir, na ideia que faz de si mesmo, esse comprometimento. O homem não pode ser um Deus de substituição, e o humanismo virtuoso ou prometeico não pode ser o simples recuo da religião do Pai, seu hipócrita e medíocre substituto.

A filosofia deve se confrontar não apenas com o silêncio de Deus, com sua impotência, com sua fragilidade, mas também com a "natureza inumana"[48] do homem.

---

[47] Tomo essa fórmula de Guillaume Le Blanc em seu ensaio *La Pensée Foucault*, Paris: Ellipses, 2006, pp. 3-4. Le Blanc assinala que o liberalismo de Foucault o leva não só a buscar como ser o menos governado possível, mas o conduz ao "apagamento da questão social" (*ibidem*, p. 167).

[48] Maurice Merleau-Ponty, *Éloge de la philosophie et autres essais*, Paris: Gallimard, 1960, p. 53.

O homem do "humanismo de pleno direito" não existe. Essa universalidade é um engodo. Quem conduz outro homem à morte o conduz não enquanto homem, compartilhando a mesma humanidade que ele, mas enquanto judeu ou cigano ou homossexual ou bárbaro, e por mais que a consciência do judeu proteste sua humanidade, sua universalidade, podendo inclusive renegar ou ignorar sua judeidade, não adiantará nada. Ele morrerá porque é judeu, e começará o caminho em direção à morte pela "Desumanização"[49].

Cada um compreende o que há de desagradável e de doloroso em lembrar isso. Mas aquele que quer pensar na economia dessa dor, dessa dificuldade, do que é insuportável, o que ele pensa?

Em 1951, nos encontros internacionais de Genebra, Merleau-Ponty pronuncia uma conferência intitulada "O homem e a adversidade", que será publicada em *Signos*. Na resposta que dá a Sartre por ocasião de suas cartas de ruptura publicadas posteriormente, ele escreve: "Em setembro de 1951, dei em Genebra uma conferência da qual boa parte era política..."[50].

Essa boa parte é a que aborda a definição do homem e anuncia o fim de certo tipo de humanismo. "A natureza humana tinha por atributos a verdade e a justiça, como outras espécies têm por característica a barbatana ou a asa..."[51]. Essa natureza humana perdeu sua validade.

No entanto, a experiência do genocídio não deve fazer renunciar nem ao homem nem mesmo ao humanismo. Seria tão estúpido, vão, arrogante e descabido quanto renunciar a Deus. Seria um ato de onipotência e de insensatez. Com isso, a questão não é mais a da morte do homem ou da morte de Deus, mas do fim de qual homem e do fim de qual Deus. O genocídio implica a recusa do que Merleau-Ponty chama de "o humanismo sem vergonha": "A particularidade de nosso tempo é talvez dissociar o humanismo e a ideia de uma humanidade de pleno direito"[52].

---

[49] Hans Jonas, *Le Concept de Dieu après Auschwitz*, op. cit., p. 12.
[50] Maurice Merleau-Ponty, *Parcours II. 1951-1961*, Paris: Verdier, 2001, p. 145.
[51] *Idem, Signes*, Paris: Gallimard, 1960, p. 287.
[52] *Ibidem*, p. 287.

Não se trata de matar o homem. Não se trata sequer de renunciar ao humanismo. Trata-se apenas de reconhecer que a desumanização é uma possibilidade humana e, portanto, que a humanidade não é nem um direito nem um fato, nem um dado nem uma aquisição. É uma "reivindicação", e essa reivindicação supõe "certas condições muito precisas e muito concretas que podem faltar, nenhum arranjo natural das coisas e do mundo predestinando-as a tornar possível uma vida humana"[53]. Essa questão das "condições muito precisas e muito concretas" pelas quais um direito pode tornar-se um fato, e uma visão incorporar um fazer, é a questão política por excelência. Não há humanismo senão político, confrontado à prova da realidade e da ação.

Deus não é uma força, sabemos disso agora. Mas o homem tampouco o é. Ao Deus em perigo corresponde um homem em perigo, ao Deus por fazer, um homem por fazer: mas não na onipotência, não a partir do nada, não sem os outros, não sem a historicidade, a coexistência, a contingência, a violência. A um Deus inacabado vai corresponder um homem inacabado. Essa não é apenas uma posição moral ou teológica ou mesmo filosófica. É uma afirmação primeiramente política. Ao Deus em perigo e ao homem mestiçado deve corresponder uma política, mas uma política frágil. Ao Deus imperfeito e ao homem imperfeito deve corresponder uma política imperfeita.

Isso é o que se esquece hoje. É aí que jaz o centro das trevas. E é o que devemos examinar.

---

[53] *Ibidem*, p. 286.

ATUALIDADE DE MERLEAU-PONTY

Em todas as escalas, imensos problemas aparecem: não são apenas técnicas que há por descobrir, mas formas políticas, motivos, um espírito, razões de viver…

Tudo o que se acreditava pensado e bem pensado — a liberdade e os poderes, o cidadão contra os poderes, o heroísmo do cidadão, o humanismo liberal, a democracia formal e a real que a suprime e a realiza, o heroísmo e o humanismo revolucionário — tudo isso está arruinado.

MAURICE MERLEAU-PONTY

A guerra aconteceu?
Quando filosofia e política são abandonadas à sua miséria

Mas será que podemos mesmo nos deter à ideia de uma separação entre o pensamento filosófico e a crença política? Permanece um indene ao contato da outra? Parece-me que a questão merece ser colocada e que ela esclareceria a seguir o avanço da reflexão de Merleau-Ponty. A mesma necessidade o faz passar de um pensamento do corpo a um pensamento da carne e o liberta de uma atração pelo modelo comunista, fazendo-o redescobrir a indeterminação da história e do ser do social.
CLAUDE LEFORT

O FILÓSOFO, A MUTUCA E A CIDADE

O que é uma interrogação política? O que é a política? O que significa, para o homem, ser um animal político? Questões simples como essas não são evidentes. Mas o mero fato de colocá-las já é uma maneira de responder a elas, de se interrogar sobre o sentido de nossa existência na cidade, entre os homens, de participar também de uma cultura particular que se caracteriza singularmente pela ligação que ela buscou estabelecer entre certa ideia da razão, uma prática do questionamento e a busca da vida boa e do bem comum. Na verdade, fazer essas perguntas já é fazer política.

Lembremo-nos de Sócrates, o mais sábio dos homens, talvez o mais arrogante também, em todo caso o mais atrevido e o mais audacioso frente a seus juízes. Condenado à morte, o que diz Sócrates? Ele anuncia a seus juízes que, pelo veredicto que acabam de pronunciar, eles de modo nenhum terão se livrado dos que têm por missão colocar à prova sua maneira de viver, mas que, muito pelo contrário, e inversamente ao que esperavam, esses vão aumentar em número e em ardor. São os filósofos cuja função não é outra, segundo as palavras e o exemplo de Sócrates, que passear pela cidade, "circular por toda parte", como uma mutuca sobre um cavalo a fim de estimulá-lo, de exortá-lo, de morigerá-lo.

A profecia de Sócrates, de fato, funcionou. Sua morte deu à filosofia uma força histórica e política indiscutível, os filósofos modelando nosso mundo do interior da cidade na qual exercem sua função crítica, nosso mundo instalando os filósofos no centro de uma concepção da política, da democracia, da República, que é uma discussão crítica sobre a melhor vida e o melhor regime, sobre os fundamentos, os valores e as finalidades de uma vida humana que se exerce em coletividade, autorizando um exame permanente e público da legitimidade de todos os poderes. Desde Sócrates, cada cidadão, em nossas democracias, deve ser um pouco filósofo, e todo poder deve responder por sua legitimidade.

O próprio Merleau-Ponty não cessou de agir desse modo, como a mutuca no flanco do cavalo frouxo da cidade, e várias vezes ele reivindicou de forma muito explícita essa filiação socrática. Seu pensamento é essencialmente um pensamento político, que se confronta às experiências históricas e humanas de seu tempo, e busca fazer delas a filosofia. É um pensamento que enfrenta os ídolos. Mas ao recusarem ouvi-lo, ou simplesmente vê-lo, comentá-lo, ao isolarem Merleau-Ponty de seu tempo, da cidade, do mundo, da história, os intérpretes acadêmicos de sua filosofia fazem, de meio século para cá, como se tudo isso fosse secundário ou mesmo inexistente em relação a interrogações fundamentais, sem ligação com as precedentes sobre a natureza do ser, da visão, da carne[1].

Esse esquecimento do político e essa dissimulação mesma do sentido interrogativo, mas explícito, da obra de Merleau-Ponty nos ensinam menos, evidentemente, sobre essa obra que sobre a situação dos que a leem, menos sobre o próprio Merleau-Ponty que sobre seus intérpretes, sua situação e seu tempo. Não é absurdo, portanto, buscar o sentido de nosso presente, de maneira privilegiada, a partir do caráter apolítico e mesmo "antipolítico" de nossa condição atual.

---

[1] Se excetuarmos os trabalhos de Claude Lefort, o livro de Myriam Revault d'Allones, *Merleau-Ponty: la chair du politique*, Paris: Michalon, 2001, e a contribuição de Philippe Corcuff, "Actualités de la philosophie politique de Merleau-Ponty", *Mediapart*, jan. 2009. Além disso, a publicação das obras reunidas de Merleau-Ponty, organizada por Claude Lefort e lançada pela Gallimard, pôs em evidência essa ligação entre filosofia e acontecimentos.

A exclusão do político é feita em nossa história a partir do divórcio do político e do filosófico, divórcio que é, ao mesmo tempo, o sintoma mais visível dela, mas também, de certa maneira, sua causa.

Após a primeira morte de Sócrates, assistiríamos ao seu segundo processo, à sua segunda condenação e à sua segunda morte. Seus juízes, todos eles homens de fortuna, de poder ou de palavra, teriam enfim sua revanche sobre aquele a quem a divindade confiou a missão de viver filosofando, isto é, sem dar-lhes, nem a uns nem a outros, descanso.

E os filósofos, vencidos, teriam renunciado e deposto as armas aos pés de seus inimigos.

"O FILÓSOFO DE SUA POLÍTICA"

Que Merleau-Ponty seja o homem da política é evidente. Mas é uma evidência contra toda evidência: contra o senso comum, mas também contra os filósofos e mesmo os especialistas de sua obra. A história reteve, para o grande público, o sábio professor de filosofia, universitário paciente, laborioso, rigoroso, inteiramente devotado à tarefa de levar a fenomenologia até seus limites e de conduzi-la ao limiar do mistério do ser. Esse caso, pode-se convir, não está ao alcance de todo o mundo.

Merleau-Ponty é um filósofo técnico. Da Escola Normal Superior ao Collège de France, ele é o protótipo de uma excelência universitária francesa reservada a um pequeno número. Não é um filósofo para os anos finais.

Essa imagem para o grande público — ainda que totalmente contraditória com a concepção que Merleau-Ponty tinha de sua vocação de filósofo — convém também aos especialistas, que não a desmentem. Eles podem assim conservar sua reserva de caça, mas também seu critério de distinção no interior da corporação, sobretudo se tecnicizam e germanizam a filosofia de Merleau-Ponty, como não se privaram de fazer. O autor "deles" é então um abrigo eficaz e poderoso contra as indiscrições dos outros, contra os atentados do presente e as solicitações do mundo.

Sartre foi o primeiro a se insurgir contra essa lenda e essa injustiça. Ele a toma mesmo no contrapé, reconhecendo em Merleau-Ponty aquele que o conduziu e despertou para a política, aquele que, dos dois, tinha a cabeça política.

Sartre percebe bem que o movimento do pensamento de Merleau-Ponty é inteiramente orientado para o reconhecimento de nosso enraizamento na história, e ele não considera *Humanismo e terror* um livro secundário: "Direi eu que a fenomenologia permanecia 'estática' em sua tese e que ele a transformaria aos poucos em 'dinâmica' por um aprofundamento do qual *Humanismo e terror* constitui a primeira etapa?"[2].

Sartre cita uma frase de "La Guerre a eu lieu" [A guerra aconteceu], artigo de abertura, em 1945, do primeiro número da revista *Les Temps modernes*: "Em suma, aprendemos a história e afirmamos que não se deve esquecê-la". Mas ele a comenta de um modo que não poderá deixar de surpreender todos aqueles que permanecem no esquema convencional da lenda e da mentira que cerca a percepção atual da obra de Merleau-Ponty. Sempre direto, sincero e amistoso, Sartre escreve: "Ele era um 'nous'[3] de polidez: para aprender o que ele sabia, precisei de mais um lustro"[4]. Que bela homenagem póstuma ao amigo a quem ele não pôde poupar a dor da desavença, da separação e do distanciamento...

Segundo Sartre, foi por razões que viriam da infância, da existência mais subterrânea e arcaica, das fibras mais íntimas do seu ser, que Merleau-Ponty acabou tendo naturalmente a cabeça política: "Merleau-Ponty 'aprendeu a história' mais depressa que nós porque ele teve um prazer doloroso e pleno do tempo que passa. Foi o que fez dele um comentador político sem que o tivesse sequer desejado, sem que ninguém percebesse"[5].

Se *Les Temps modernes* se tornou uma revista importante após a Segunda Guerra Mundial, e não apenas filosófica, mas politicamente, foi graças, portanto, à competência e ao engajamento de

---

[2] Jean-Paul Sartre, "Merleau-Ponty vivant", *Les Temps modernes*, n. 5, especial *Maurice Merleau-Ponty*, n. 184-185, p. 308. Sartre concede ainda, embora estejamos em 1961, a *Humanismo e terror* toda a sua importância: "Ele foi meu guia; *Humanismo e terror* me fez dar o salto. Esse pequeno livro tão denso me revelou o método e o objeto: deu-me o piparote que faltava para arrancar-me do imobilismo" (*ibidem*, p. 322).

[3] A palavra grega "nous" significa "espírito". [N.T.]

[4] Jean-Paul Sartre, *op. cit.*, p. 309.

[5] *Ibidem*, pp. 318-319.

Merleau-Ponty: "Merleau salvou a revista ao aceitar encarregar-se dela: ele foi redator-chefe e diretor político"[6].

Estamos muito longe, e mesmo no lado oposto, da imagem ingênua e convencional de um Sartre plenamente político, naturalmente militante, e de um Merleau-Ponty confinado aos seus estudos eruditos e à sua filosofia universitária. Como se esse contrapé não bastasse, Jean-Paul Sartre acrescenta ainda: "Ele se orientava melhor que eu no mundo ambíguo da política; é pouco dizer que eu confiava nele: ao lê-lo, parecia-me que eu descobria meu pensamento"[7].

Seguindo em seu relato, Sartre afirma sem nenhuma hesitação: "Foi Merleau que me converteu"[8]. O verbo é forte, tanto mais que dá a entender uma verdadeira mudança, uma descontinuidade na filosofia de Sartre. Mas Merleau-Ponty pôde convertê-lo a quê? Ao acontecimento, à práxis, à impossível separação da ideia e da ação, da vida privada e da história, da filosofia e da política. "Ele foi para mim o filósofo de sua política. Quanto a esta, afirmo que não podíamos ter outra e que ela convinha"[9].

O que acrescentar a esse testemunho?

Sartre não diz que Merleau-Ponty tinha uma filosofia e que tinha também uma política, cada uma seguindo seu caminho. A filosofia e a política, ambas legítimas, seriam independentes uma da outra, sem ligação de natureza.

Mas Sartre não sustenta tampouco que Merleau começou por ter uma filosofia e que depois a teria aplicado progressivamente à política, como se passa da teoria à prática.

Quando afirma que Merleau era, aos seus olhos, o filósofo de sua política, ele diz mesmo o inverso. Na verdade, isso pode significar duas coisas. Ou, em primeiro lugar, que a filosofia e a política em Merleau-Ponty eram indissociáveis e coerentes. Ou, em segundo lugar, que Merleau-Ponty tinha de início uma política e que teria construído sua filosofia para justificar essa política.

Segundo essa interpretação, que vem reforçar a ideia já mencionada de que a reflexão iniciada em *Humanismo e terror* seria uma

---

6 *Ibidem*, p. 319.
7 *Ibidem*, p. 322.
8 *Ibidem*, p. 324.
9 *Ibidem*, p. 325.

das razões da evolução da filosofia de Merleau-Ponty, não apenas filosofia e política não são separáveis, mas a política precede e comanda a filosofia, e a filosofia é política de uma ponta a outra.

UM MOMENTO ANTIPOLÍTICO?
Embora Merleau-Ponty jamais tenha deixado de afirmar a impossibilidade de separar a filosofia da política, embora tenha construído toda a sua filosofia a partir de uma reflexão sobre a impossibilidade de separar a consciência de sua encarnação num corpo, mas também de suas relações com outrem e de sua inscrição histórica e social, embora a maior parte de seus escritos, até o final, não deixe de se confrontar com a questão da natureza do político por um diálogo incansável com o marxismo em suas diferentes versões, com o liberalismo, antigo e novo, com o republicanismo, do humanismo florentino de Maquiavel à república moderna de Pierre Mendès France, bem como, aliás, com as formas políticas concretas — o comunismo, o gaullismo, a SFIO[10] e os acontecimentos que se produziam em seu tempo, a greve geral, a Guerra da Coreia, o colonialismo —, embora a evolução mesma de seu pensamento fundamental, da fenomenologia aos últimos escritos, possa ser compreendida pelas evoluções de sua reflexão sobre o político, esse aspecto de sua obra quase nunca foi tratado, seja por ter sido completamente desconsiderado, seja porque foi visto como secundário e abordado então de um modo desdenhoso ou negligente[11].

Esse estado de fato não é novo. Tanto em sua vida quanto após sua morte em 1961, bem como nas décadas posteriores, o pensamento político de Merleau-Ponty jamais teve acesso à dignidade de objeto filosófico consistente. Isso é tanto mais estranho quanto ele mesmo publicou, inclusive no último livro lançado em vida, *Signos*,

---

[10] Seção Francesa da Internacional Operária. [N.T.]

[11] Sua influência, portanto, se exerceu menos sob a forma de uma doutrina política exposta em sua coerência genética e estrutural nos trabalhos universitários consagrados à sua obra do que nos esforços de pensadores independentes e engajados, eles mesmos buscando prosseguir uma reflexão política que escapasse à alternativa do marxismo e do ultraliberalismo, como Claude Lefort, Cornelius Castoriadis e Marcel Gauchet.

estudos políticos ao lado dos artigos filosóficos, além de dedicar o "Prefácio" à questão das relações entre filosofia e política.

A explicação desse estado de fato é, no que se refere ao passado, relativamente fácil de encontrar. Quando a Guerra Fria instalou uma bipartição do debate filosófico e político em torno do marxismo, sendo preciso escolher seu campo, a favor ou contra, Merleau-Ponty recusou-se a fazê-lo, a deixar-se contar seja do lado dos marxistas, seja do lado dos antimarxistas, e todo o seu pensamento político foi precisamente uma explicitação dessa recusa.

Merleau-Ponty tomava suas distâncias em relação aos comunistas, mas queria levar adiante uma crítica do capitalismo e do liberalismo como mistificação. Ele buscava fazer emergir uma esquerda não comunista, criticando ao mesmo tempo o duplo sistema da linguagem revolucionária e da ação complacente e oportunista da SFIO, inclusive a ação do próprio socialista Léon Blum na época da Frente Popular. Recusando todo maniqueísmo, denunciando mesmo a solidariedade dos oponentes entre si, Merleau-Ponty não pertencia a nenhum dos blocos, portanto era malvisto por todos.

Mas quando a bipartição do campo intelectual e da instituição universitária em dois campos, marxista e antimarxista, progressivamente se decompôs ao longo dos anos 1980, e o estruturalismo não encontrou nenhuma descendência e posteridade sérias após uma década de entusiasmo, o retorno a Merleau-Ponty — que passou a ser o autor mais estudado na Universidade em nossos dias e o objeto de uma verdadeira paixão — de modo nenhum concerne à sua obra política. O que é tanto mais notável quanto esta última poderia, pelos temas abordados, ser vista como de plena e incisiva atualidade. De maneira esquemática, podemos facilmente discernir três temas atuais que dão seguimento às reflexões de Merleau-Ponty.

Serge Audier recentemente chamou a atenção para a existência de um "momento maquiaveliano francês" em torno das obras de Raymond Aron, Maurice Merleau-Ponty e Claude Lefort, que abrem "o caminho a um retorno original da filosofia política", mas que "até aqui escapou aos filósofos e aos historiadores das ideias, inclusive na França"[12]. Por sua reflexão sobre a consciência, a percepção, a expressão, as relações da consciência com seu corpo, com outrem, com seu mundo, seu tempo, Merleau-Ponty propõe uma reflexão sobre a história, a ação e o político que o leva a reconhecer uma natureza particular a este último, irredutível à natureza, à ciência, a Deus ou à moral. Suas leituras aprofundadas de Marx, de Lukács, de Weber têm por efeito formular essa teoria na qual é justo reconhecer que ela define bem um momento maquiaveliano e uma forma de humanismo cívico para o nosso tempo, sua última recomendação sendo, aliás, uma "*virtu* sem nenhuma resignação"[13], inspirada nesse pensamento do político. Há, pois, em Merleau-Ponty uma antecipação não só do retorno a Maquiavel, mas de uma retomada, muito presente nos Estados Unidos, do republicanismo.

Do mesmo modo, se devemos reconhecer um trágico da política e uma contingência da história, subsiste que a questão central colocada por Merleau-Ponty é a da ultrapassagem *humana* da violência. Ora, o que caracteriza aqui o pensamento de Merleau-Ponty é que, com a teoria dos *a priori* materiais ou da consciência emotiva, com sua teoria da intersubjetividade, sua ontologia da carne, do desejo e do amor, ele fornece claramente as bases filosóficas de uma política que, mesmo reconhecendo a dimensão específica do político e do cívico, permite ultrapassar a disposição comum tanto do liberalismo quanto do marxismo como utilitarismos ou doutrina do interesse e economismo. As pesquisas que se desenvolveram de vinte anos para cá em torno do Mauss (Movimento Antiutilitarista nas Ciências Sociais) podem se inscrever nessa continuidade.

Enfim, a ressurgência de um socialismo não marxista, não materialista, individualista, associacionista, liberal, o da tradição francesa tal como reativada pelos trabalhos de certo número de pesquisadores — que redescobrem em torno de Pierre Leroux, de Louis Blanc, de Benoît Malon, de Jean Jaurès, de Charles Andler, de Eugène Fournière, de Célestin Bouglé e de Charles Renouvier outra tradição socialista que conjuga o respeito dos direitos

---

[12] Serge Audier, *Machiavel: conflit et liberté*, Paris: Vrin/EHESS, 2005, pp. 7 e 30.
[13] Maurice Merleau-Ponty, *Signes*, op. cit., p. 47.

do homem e a exigência de uma realização destes, articulando indivíduo e Estado, liberdade e igualdade, ação e conhecimento, direitos formais e direitos reais, democracia e igualdade —, é claramente um eco da dupla exigência de um "novo liberalismo" e de um "socialismo em outro sentido" afirmada por Merleau-Ponty, no término de seu percurso, como uma única e mesma exigência, e, mais ainda, como o caminho que convinha seguir para sobreviver politicamente[14].

Sendo assim, coloca-se a questão de compreender o que justifica tal neutralização ou ocultação do pensamento de Merleau-Ponty, tal recusa do político em sua obra, isto é, de sua obra em sua obra e de seu pensamento em seu pensamento.

Como compreender essa "cegueira obstinada ao político"[15], que Claude Lefort já assinalava em 1983 e que desde então se acentuou ainda mais, a ponto de sua compreensão ser o melhor acesso que podemos ter para a nossa situação presente?

Pois, ao deixar a política aos politicólogos e aos sociólogos, distinguindo aí um objeto de conhecimento ao lado de outros, o jurídico, o econômico, o social, ocultando assim o político como modo preliminar de instituição do social, da relação dos homens com os outros e as coisas, chega-se a algo que faz sentido. O fato de abandonar, na leitura de Merleau-Ponty, tudo o que diz respeito a uma interrogação sobre o político procede claramente dessa disposição pela qual *a* política vem ocultar e açambarcar *o* político.

DESPREZO AO PRESENTE E ÓDIO À VIDA: A FILOSOFIA ACADÊMICA

A questão é a da retirada do político. O que é um tempo apolítico ou mesmo antipolítico? E como sair dele? É certamente um

---

[14] Sobre esse assunto, cf. Philippe Chenial, *Justice, don et association: la délicate essence de la démocratie*, Paris: La Découverte, 2002, e *La Délicate Essence du socialisme*, Latresne: Le Bord de l'Eau, 2009; Jean-Fabien Spitz, *Le Moment républicain en France*, Paris: Gallimard, 2005. Sobre a renovação dos estudos republicanos e socialistas, nosso livro *La Révolution française n'est pas terminée*, Paris: Seuil, 2008.

[15] Claude Lefort, "La Question de la démocratie", in: *Essais sur le politique (XIXe-XXe siècles)*, Paris: Seuil, p. 17.

tempo, o nosso, que resulta de demasiadas decepções ou de transigências ou de feridas que precisamos compreender em vez de julgar. Pois não é possível que se tenha chegado aí sem razão.

Merleau-Ponty nos adverte contra o perigo que espreita a filosofia, e com ela a cidade, quando não é mais do que um exercício erudito e acadêmico. Porque as palavras do filósofo entram "desde o início num universo acadêmico no qual as opções da vida são amortecidas e as ocasiões do pensamento, veladas", há um risco de que a filosofia, transformada em assunto de funcionários, de especialistas, de eruditos, posta ao abrigo do mundo, seja então neutralizada em seu poder de perturbação ou, mais modestamente, de despertar ou de espanto, que é sua vocação e sua justificação. Pode-se temer que "a filosofia posta em livros tenha cessado de interpelar os homens"[16].

A ideia de que o saber desinteressado ou as errâncias do engajamento levam a não tomar partido e a subtrair-se às urgências da vida e da solidariedade é uma ideia falsa do ponto de vista até mesmo do conhecimento: "Mas esse desprezo do presente, que é uma espécie de ódio à vida, não serve ao conhecimento, ele o mutila. Quando se evita todo encontro com a exuberância e a proliferação do presente, mais facilmente se mantêm os esquemas e os dogmas. A liberdade existe no presente"[17].

É também um tempo de aço e de ferro que proíbe toda ação e toda crítica e leva a justificar, nem que seja pelo silêncio, o que é.

Compreender a filosofia de Merleau-Ponty sem levar em conta seu engajamento procede de uma escolha que não se pode dissimular por trás de uma objetividade qualquer. Como se no final não se ostentasse todo esse considerável esforço de erudição e de comentário a seu respeito, prateleiras inteiras de biblioteca, senão para melhor proteger-se e distanciar-se dele, para objetivá-lo, para dar-lhe, na comemoração, "uma sobrevivência, que é a forma hipócrita do esquecimento"[18], para colocá-lo ao abrigo da vida e do tumulto do mundo, de nossas desordens, de nossas interrogações.

---

[16] Maurice Merleau-Ponty, *Éloge de la Philosophie et autres essais*, op. cit., p. 42.
[17] Idem, "Complicité objective", in: *Parcours I*, op. cit., p. 113.
[18] Idem, *La Prose du monde*, op. cit., p. 96.

Evocando Sócrates, a figura de "um homem que não escrevia, que não ensinava, pelo menos nas cátedras do Estado, que se dirigia aos que ele encontrava na rua e que teve dificuldades com os poderes e com a opinião"[19], Merleau-Ponty lembra claramente que não há filosofia senão fora, no contato, na cidade, que toda filosofia é política, e até mesmo que o político só existe enquanto tal, irredutível, na relação que mantém com esse questionamento, com essa interrogação que chamam de filosofia.

POLÍTICA DA VERDADE: "A EXUBERÂNCIA E A PROLIFERAÇÃO DO PRESENTE"

O tempo em que vivemos, o do pensamento descomprometido, da filosofia erudita e universitária, do reinado exclusivo, conjunto e cúmplice da política oportunista e da moral dos bons sentimentos, nos reconduz ao período anterior à guerra de 1940 e que marca uma regressão no pensamento político.

Mas esse retorno e essa regressão devem ser compreendidos antes de ser julgados. Eles têm suas razões e suas justificações. É que houve, precisamente, um mau uso político da filosofia e um mau uso filosófico da política. O filósofo hegeliano acreditou poder colocar a história em palavras, resolver todas as suas contradições, profetizar o futuro e, ao fazer isso, contribuiu, a toque de caixa, para todos os desastres e todos os horrores do século XX. A história absolutamente racional é uma história absolutamente inumana. Mas o filósofo anti-hegeliano, o filósofo nietzschiano, não fez melhor, e sua nova aurora foi um apocalipse. Por isso a questão que devemos colocar ao nosso tempo não pode jamais ser uma absolvição do passado nem pode conduzir às ingenuidades dos diferentes "retornos", que não fazem senão contribuir para a "crise do futuro" de que são um sintoma.

Como se pôde criar essa situação? Paradoxalmente, se de início foi no confronto com o marxismo que se formulou a questão do político, na travessia, na retomada e na crítica ao marxismo, foi certamente também a derrocada do marxismo que levou a eludir a questão do político. O retorno a Kant, à moral, à ideia de que os direitos do

---

[19] Idem, *Éloge de la Philosophie et autres essais*, op. cit., p. 42.

homem são uma política, de que a Revolução Francesa acabou e o liberalismo é a filosofia insuperável de nosso tempo marca claramente um momento político que acaba por lançar o bebê da crítica à mistificação liberal com a água da banheira da crítica ao marxismo. Claude Lefort considerou com razão esse procedimento dos tempos modernos como um "fenômeno curioso e decepcionante"[20].

A crítica ao totalitarismo, ao nazismo, em primeiro lugar, e depois ao stalinismo não levou a prolongar a reflexão sobre o que tornou isso possível, mas "a uma restauração do racionalismo combinado com o humanismo liberal, numa ignorância deliberada do que foi, entre as duas guerras, a incapacidade deste de compreender a aventura que estava ocorrendo no mundo"[21]. A comemoração de Merleau-Ponty, a elisão do político que a comanda, não se desenrola fora do tempo, num campo de cientificidade em que apenas as exigências da coerência interna do pensamento conduziriam os comentários, um campo impermeável aos ataques do mundo de fora.

Eis-nos de volta ao período que antecedeu a guerra.

Merleau-Ponty advertiu — antes que fosse moda nos círculos intelectuais franceses, sempre prontos a se entusiasmar por uma revolução, seja ela bolchevista, maoísta ou iraniana — contra certa "mania política entre os filósofos que não faz nem boa política nem boa filosofia"[22], uma união ruim da filosofia e da política. O tema é certamente bem conhecido, pois ecoa na experiência das gerações de hoje, escaldadas pelas errâncias e pelos enganos dos que as precederam.

Mas Merleau-Ponty nos alertou também contra o que poderia ser um mau divórcio, "uma 'ruptura' ruim da filosofia e da política que não salva nada e as abandona à sua miséria"[23], advertência que seria bom lembrar. Ela vale tanto quanto a anterior. É aí que chegamos, em plena miséria da filosofia e da política, incapazes de salvar alguma coisa?

---

[20] Claude Lefort, "Avant-Propos", *Essais sur la politique*, op. cit., Paris: Seuil, 1986, p. 10.

[21] *Ibidem*, p. 11. Evidentemente, deve ser excetuada dessa constatação a notável tentativa feita por Marcel Gauchet nos três primeiros tomos de *L'Avènement de la démocratie*, Paris: Gallimard, 2007 e 2010.

[22] Maurice Merleau-Ponty, *Signes*, op. cit., p. 10.

[23] *Ibidem*, p. 11.

O pensamento desengajado acredita numa liberdade que não estaria no contato com o mundo, com os outros, com sua desrazão, sua fraqueza, sua contingência. Ele acaba em dogma e transforma a liberdade em destino. Aprisiona o espírito na letra. Pior ainda, refuta a própria letra em nome de uma ideia do que é digno da filosofia, do pensamento, do saber. Ele não percebe que, ao fazer isso, pertence também ao seu tempo, e que à sua maneira realiza uma tarefa baixa, a que conduz a um segundo processo de Sócrates.

Inversamente, o engajamento não é a redução da filosofia ao político ou da política ao filosófico, não é a caricatura "desse pensamento patético que aceita as cristalizações políticas, limita-se a escolher entre os partidos ou as forças dadas, e acaba por dar a um deles um sufrágio torturado". O verdadeiro engajamento, que conjuga distância e proximidade, retirada e presença, solidão e solidariedade, consiste em "um pensamento vigilante, capaz de questionar as ideias políticas e econômicas em toda medida na qual, mascarando os fatos, elas os transformam em destino"[24]. A crítica é, em si, um engajamento, e é o que justifica que o filósofo possa sempre trair: "Mesmo se nunca traiu, percebe-se, em sua maneira de ser, que ele poderia trair"[25]. Seu único engajamento é em favor da verdade[26].

Nem política de entendimento nem política de razão[27], a crítica é "uma ação a distância" na qual política e filosofia não se confundem, mas na qual tampouco renunciam a confrontar-se uma a outra: "suas relações são menos simples do que se acreditava: trata-se literalmente de uma ação a distância, cada uma, do fundo de sua diferença, exigindo a mistura e a promiscuidade"[28].

É impossível que nós, filósofos, possamos de novo nos juntar à "exuberância e proliferação do presente"?

---

[24] *Idem, Parcours I*, p. 112.
[25] *Idem, Éloge de la Philosophie et autres essais, op .cit.*, p. 69.
[26] *Ibidem*, p. 70.
[27] Sobre a discussão dessa distinção tomada de Alain, cf. Merleau-Ponty, *Les Aventures de la dialectique*, Paris: Folio, 2000, pp. 10 ss.
[28] Maurice Merleau-Ponty, *Signes, op.cit.*, p. 20.

"COMO É POSSÍVEL O ANTISSEMITISMO?"

Não há inocência da história da filosofia, do saber, da erudição. O passado não é, como tampouco o mundo ou outrem, um espetáculo oferecido à nossa atenção ou à nossa distração. Não apenas estamos "em causa no passado", no sentido mais convencional de que somos o produto dele, mas também no sentido menos usual de que, ao engendrarmos a nós mesmos pelas escolhas de nossa vontade, pelo relato de nosso engendramento, decidimos, ainda que sob coerção e sem arbítrio, sobre um fundo de historicidade e de coexistência, decidimos qual história retemos e qual herança queremos assumir.

Isso vale igualmente para a história da filosofia: "A história do pensamento não pronuncia sumariamente: isto é verdadeiro, isto é falso. Como toda história, ela tem decisões secretas: neutraliza ou embalsama certas doutrinas, transforma-as em 'mensagens' ou em peças de museu. Há outras que, ao contrário, ela mantém em atividade..."[29].

A verdade histórica depende do nosso engajamento nela, porque são "as mesmas razões que fazem com que possamos deformar o passado e conhecer sua verdade"[30], não havendo, portanto, um só caminho, uma só entrada, uma só perspectiva. Cada um deve assumir a verdade histórica da qual faz o relato, da qual é, ao mesmo tempo, "o exegeta e o apóstolo".

A propósito de Paul Nizan, e do importante prefácio que Sartre dedicou ao seu livro *Aden, Arábia*, Merleau-Ponty escrevia: "Mas essa cólera é um produto de humor? É um modo de conhecimento que não é inadequado quando se trata do fundamental"[31].

Merleau-Ponty colocou essa questão do fundamental, fez dela a questão filosófica principal, que devia levar a retomar de cima a baixo a filosofia, e a enunciou da seguinte forma: "Como é possível o antissemitismo?"[32]. A questão era, ao sair da Segunda Guerra Mundial, com certeza uma questão histórica. Compreende-se facilmente que pudesse ser também uma questão moral e uma

---

[29] *Ibidem*, p. 16.
[30] Idem, *Parcours II, op. cit.*, p. 323.
[31] Idem, *Signes, op. cit.*, p. 43.
[32] Idem, *Sens et non-sens, op. cit.*, p. 251.

questão política. Mas em Merleau-Ponty ela adquire um sentido plenamente filosófico e mesmo ontológico. A crítica ao idealismo, ao humanismo de pleno direito, ao antigo liberalismo, e também ao naturalismo, ao marxismo vulgar e ao marxismo ocidental, juntamente com a filosofia da expressão, da instituição, a teoria da passividade, o novo liberalismo ou a ontologia indireta, são respostas a essa questão e se ordenam em relação a ela.

A questão "Como é possível o antissemitismo?" é fundamental no sentido de que abala tudo o que até então parecia fundado e bem fundado, porque obriga a um novo ponto de partida.

A CRISE DA DEMOCRACIA OU A ANTIPOLÍTICA CONTEMPORÂNEA

Merleau-Ponty diz as coisas de maneira simples: "A guerra aconteceu" e não é a mesma coisa depois do que era antes. Existe aí um fato que será preciso explicar, e isso exigirá pensar de outro modo, buscar outra filosofia.

Estamos em 1945. Pouco mais de meio século depois, para jovens filósofos que consagram sua vida à exegese de Merleau-Ponty, essa questão desapareceu, não se coloca mais. Ora, tal questão, é claro, não concerne primeiramente à obra de Merleau-Ponty. Ela interpela o nosso presente. Tem a ver com a crise da democracia.

No final de sua vida, Merleau-Ponty escrevia: "Em filosofia, o caminho pode ser difícil, seguramente cada passo torna possíveis outros. Em política, tem-se a acabrunhante impressão de uma abertura sempre a refazer"[33]. É de se perguntar se ele não era ainda, pelo menos em relação à filosofia, demasiado otimista. Pois o que a guerra, e o antissemitismo em seu núcleo, haveria de ensinar à filosofia é a história na qual podemos ver correr "verdadeiras lágrimas" e "verdadeiro sangue". É a política, que não se pode considerar apenas na perspectiva da consciência, porque não somos para os outros o que somos para nós mesmos, política que nos impõe sua lógica, longe da moral, do direito, da ciência ou da simples economia. A guerra nos ensina que a liberdade tem uma certidão de nascimento e um lugar no mapa e que um universalismo abstrato,

---

[33] *Idem, Signes, op. cit.*, p. 7.

que rejeita "as condições que lhe deram origem"[34], organiza uma mistificação que, longe de ser inocente, é cúmplice do crime.

Ora, a crise da democracia que conhecemos hoje parece, antes de mais nada, construída sobre esse esquecimento: "tudo se passa como se a história não existisse mais"[35]. De novo o homem se torna aquele homem de pleno direito desligado "de seus pertencimentos"[36], um "indivíduo abstrato"[37]. Os princípios que havíamos compreendido que poderiam, por mais generosos que fossem, justificar políticas de pura força, retomaram sua autonomia e pretendem novamente ser, por si sós, uma política, como se a política, para "ser eficaz", não devesse primeiro "guiar-se pelo conhecimento concreto da sociedade e de suas dinâmicas"[38] e ser julgada pelos resultados, como se a política pudesse não se preocupar, acima de tudo, em organizar um "poder", determinar as "condições práticas de exercício"[39] que permitam às escolhas coletivas e aos valores transformar a realidade, única maneira para que a reivindicação dos direitos não seja um simples formalismo.

"ESSES ÔNIBUS CHEIOS DE CRIANÇAS NA PLACE DE LA CONTRESCARPE"[40]

Ao nos interrogarmos para saber se a guerra aconteceu, não nos colocamos a questão de sua realidade. Quem a negaria? Não nos perguntamos mais se a guerra fazia ou devia fazer sentido para Merleau-Ponty. Ele mesmo insistiu bastante nisso para que alguém possa duvidar. Mas nos interrogamos sobre nosso tempo, nossa situação, sobre aquilo que nos tornamos agora que consideramos que esse sentido é secundário e não merece sequer ser retomado, repetido, refletido. Interrogamo-nos sobre o sentido presente desse esquecimento.

---

[34] Marcel Gauchet, *La Démocratie d'une crise à l'autre*, Nantes: C. Defaut, 2007, p. 46.
[35] *Ibidem*, p. 35.
[36] *Ibidem*.
[37] *Ibidem*, p. 36.
[38] *Ibidem*, p. 37.
[39] *Ibidem*, p. 49.
[40] Maurice Merleau-Ponty, *Sens et non-sens, op. cit.*, p. 252.

O que está em questão, em nossa obscuridade, nas trevas do nosso presente, é o esquecimento do político.

Poderão se acumular outras tantas análises, teses, livros e colóquios, quantos se quiser, sobre Merleau-Ponty: enquanto recusarmos responder à pergunta, a única, que toca o fundamental, "Como é possível o antissemitismo?", enquanto continuarmos lendo Merleau-Ponty como se a guerra não tivesse acontecido, estaremos expostos a receber de volta e "em pleno rosto o facho de trevas que provém de nosso tempo"[41]. O desconhecimento se perpetuará e não sairemos da crise.

Muito pelo contrário, devemos, para ser nossos próprios contemporâneos, nos manter nas proximidades desse esquecimento, nos instalar com coragem "no ponto da fratura"[42]. Pôr a descoberto a fratura, essa luz que não se pode ver, "esses ônibus cheios de crianças na Place de la Contrescarpe"[43], ausentes de todas as comemorações do centenário de nascimento de Merleau-Ponty, dos comentários, dos colóquios, das teses, assim como dos tempos presentes. Não deixemos se instalar o esquecimento, esse inimigo temível, pois então não serão apenas nossos mortos que não estarão mais protegidos, serão novamente os vivos que estarão em perigo, é o futuro que será sombrio. A filosofia também tem essa responsabilidade.

---

[41] Giorgio Agamben, *Qu'est-ce que le contemporain?, op. cit.*, p. 22.

[42] *Ibidem*, p. 25.

[43] Trata-se de um espaço de lazer no 5º *arrondissement* de Paris, mas Merleau-Ponty parece se referir a um episódio de antissemitismo durante a ocupação nazista. [N.T.]

A mistificação liberal ou "as ilusões kantianas da democracia"

Tantos horrores não teriam sido possíveis sem tantas virtudes. Certamente foi necessária muita ciência para matar tantos homens, dissipar tantos bens, destruir tantas cidades em tão pouco tempo; mas não menos qualidades morais foram necessárias. Saber e Dever, sois então suspeitos?
PAUL VALÉRY

O HOMEM INUMANO

No tempo da condição histórica que é a nossa, a astúcia da desrazão é curiosa: consiste em eliminar o Deus que desceu na história, em ocultar seu filho, que nela age e nela se produz, e em esquecer a própria história.

Essa astúcia da desrazão, em nosso tempo, é política. A morte de Deus, a morte do homem e o fim da história servem a interesses poderosos. É o futuro que se suprime. O tempo que vivemos, quando se torna o tempo dos espectros, é um tempo letal. Nossa identidade se busca não em direção ao futuro, mas em direção ao passado.

Não se trata de escolher, de dizer sim ou não ao acontecimento, de orientar o pensamento unicamente em função dele. Não se trata tampouco de ignorá-lo e de fingir habitar uma outra dimensão. No entanto, é o que faz a filosofia da consciência universal, do sujeito cartesiano ou kantiano, isto é, a filosofia anterior à guerra. Trata-se de uma política dos puros espíritos e das boas intenções, que considera que tudo o que é da ordem do equívoco, do obscuro, do violento pode ser dissipado e que, por trás da história acidentada dos fatos, quer distinguir a retilínea do sentido, que, por trás dos conflitos dos homens, das classes e das nações, já vê preparar-se o reconhecimento mútuo, a fraternidade universal, a paz perpétua e o reinado do direito cosmopolítico.

Essa filosofia, a do *ego cogito* que engendra a si mesmo, liberto de seu corpo, dos outros e do mundo, liberado de toda história e de toda geografia, é uma filosofia da liberdade absoluta como começo radical. É a filosofia da vontade pura que se associa a outra liberdade, num reconhecimento sem choque, puramente jurídico, no qual cada um reconhece um limite que permite, na reciprocidade, a coexistência pacífica.

Tal filosofia, individualista e universalista, não é neutra, tanto em 1939 quanto hoje. Ela não caminha à parte da história. Está imersa nela e, se quiser ignorá-la, desconhecê-la, é uma escolha que deve assumir. Pode ser que haja uma ilusão natural da consciência que a leve a colocar-se como consciência de objeto, berço do mundo, proprietária da verdade e de si mesma. Mas ninguém é obrigado a crer ou a subscrever as ilusões de sua própria consciência. Ou se faz filosofia com homens pacíficos, imortais, homens de pleno direito à imagem de um Deus todo-poderoso e soberanamente bom, ou se faz filosofia com os homens que fazem a história, e estes, evidentemente, não são imortais nem pacíficos. A filosofia tem a escolha, e essa escolha não é apenas filosófica. É também histórica e política.

Em todo caso, é certo que não se pode estar ao mesmo tempo, de maneira inocente, com um pé dentro e um pé fora. Ao determinar uma filosofia, escolhe-se um mundo e adota-se também uma política. Não há como escapar a essa escolha. Há um mundo, o da história, da política — Platão diria: da lama, da confusão, da sujeira, e teria se interrogado para saber se é possível fazer disso a filosofia —, e depois um mundo das significações, das expressões, da literatura, da pintura, de uma natureza que vale como prova cosmológica enquanto manifesta ordem, inteligência, beleza, e pode-se acreditar, no silêncio das conversas de anfiteatro, na serenidade das bibliotecas, mas também na alegria "das viagens a pé e dos albergues da juventude"[1], que esse mundo é mais real. Essa crença, porém, talvez não tenha outro fundamento senão o simples fato de aí habitar e de aí viver. Esse mundo não é o nosso. Ao fazer filosofia da consciência, faz-se filosofia do ambiente, da situação histórica e social em que esta se desenvolve.

---

[1] Maurice Merleau-Ponty, *Sens et non-sens, op. cit.*, p. 246.

No universo das significações e dos conceitos, a tortura, as vítimas e os carrascos não têm mais que a pálida espessura das palavras, a existência de simples hipóteses. A rigor, já que o saber é uma profissão, tanto uma especialidade como uma vocação, tudo deve ser requalificado no universo sem drama nem sofrimento do pensamento e da argumentação, da reflexão e do diálogo. Tudo aí é, ao mesmo tempo, desrealizado e justificado. A barbárie é uma hipótese, do mesmo modo que a paz perpétua. Não há senão pontos de vista, possibilidades, teorias. Tudo é motivo de conversa e de dissertação: "Sabíamos que existiam campos de concentração, que os judeus eram perseguidos, mas essas certezas pertenciam ao universo do pensamento"[2]. O universo do saber basta-se a si mesmo, o pensamento não adere ao real, coloca-o a distância, protege-se dele, nadifica e neutraliza o real. Inocenta-o.

Diante da tortura, da violência, do extermínio, a consciência compassiva e pura reage com o acento sincero da dor e da revolta: isso não é humano. É um erro, é uma mentira que a guerra não autoriza mais. Há que aceitar um Deus que o permita e um homem que o realize, há que admitir um Deus impotente e um homem inumano.

Mas como fazer acreditar em nossa própria inocência? Se compartilhamos a mesma humanidade das vítimas, mas também dos carrascos, como conceder a nós mesmos as circunstâncias atenuantes da ignorância ou do idealismo?

JULGAR OS HOMENS PELA APARÊNCIA

Uma vez que sabíamos, e qualquer que seja a modalidade desse saber, o que significa essa escolha de acreditar que a barbárie, o sofrimento e o extermínio eram objetos de pensamento ou de palavra? O que nos autoriza a pensar, diante da barbárie, tão poderosa e fatal, e por mais distante que esteja, que nada podemos diante dela?

Merleau-Ponty não faz, passado o fato, condenações e depurações fáceis. Ele denunciou, inclusive com o risco de não ser compreendido, uns e outros. Tampouco busca obter, por sua fus-

[2] *Ibidem*.

tigação, uma virgindade cômoda, uma inocência *a posteriori*. O procedimento é por demais conhecido para ainda ser eficaz. A confissão nem sempre tem valor de perdão. Mas ele propõe pensar seriamente o antissemitismo, o extermínio e mesmo a implicação do Estado francês.

Se o universal tinha um lugar no mapa, era claramente em alguma parte entre Berlim e Paris, onde resplandeciam, havia dois séculos, as luzes da ciência, da filosofia, da literatura e da arte. Qual é, então, esse universal que ou não soube, pelo menos, impedir, ou inventou e autorizou a solução final, a destruição planificada, racionalizada e sistemática de milhões de seres humanos?

Assim, não basta apenas fuzilar os que têm sangue nas mãos, liquidar os colaboradores, raspar a cabeça das mulheres que se deitaram com o ocupante. Trata-se de avaliar o que cada um — dividido entre o humanismo e a pátria, no caso do alemão condenado a mentir para si mesmo; hesitante entre o humanismo e seu conforto, no caso do francês solicitado por sua vida pessoal, por um amor, uma tese, um passeio de bicicleta — teve de construir como estratagema para não ver o que, não obstante, era evidente.

Há, no drama histórico, algo que se assemelha ao "movimento retrógrado do verdadeiro" no campo do conhecimento. O horror aparece depois dos fatos e cobre o conjunto do período com seu manto de noite e de violência. No presente do drama, a vida tinha suas cores comuns e alguns viveram então seus mais belos anos. Precisamos aceitar — mesmo se isso nos custa — que ninguém é totalmente culpado e que todo o mundo é realmente cúmplice: "É assim que a história solicita e subtrai os indivíduos, é assim que, vendo as coisas de perto, não encontramos culpados em parte alguma, mas cúmplices em toda parte, é assim que todos nós temos nossa responsabilidade no acontecimento de 1939"[3].

A cumplicidade tem sua filosofia, que não é uma filosofia qualquer. Existe um pensamento que autoriza a partida das crianças, que consente, um pensamento que, de início, não prevê e que, a seguir, não vê. Essa filosofia não pode sair indene da guerra. Ela faz parte das condições de possibilidade, e posteriormente de realidade, do antissemitismo. Ela não justifica e não aprova nada.

---

[3] *Ibidem*, p. 249.

Mas não pode exonerar-se de sua indiferença, de sua passividade, de sua ignorância, de sua impotência.

O erro, mas também o pecado, foi ter tomado o particular pelo universal, foi não ter avaliado a particularidade do universal, foi ter considerado o professor kantiano, socialista, pacifista como o homem genérico, sem compreender que ele pertencia a um determinado espaço e a um determinado tempo. É o que vai ensinar não a *drôle de guerre*[4], ainda em regime de paz, mas a Ocupação a partir de junho de 1940, quando não se distinguem mais o alemão e o nazista, quando não se trata este último "humanamente", quando não se pensa em si mesmo como compartilhando a mesma humanidade do ocupante, mas como um francês ante os nazistas, numa luta que, por princípio, é uma luta de morte. Qualquer outra postura, a começar pela do humanismo, da inteligência e da moral conduzia a ser aliado deles, a reconhecer suas vitórias.

A guerra opera assim, no pensamento, uma verdadeira revolução e faz virar as costas a tudo o que nos haviam ensinado. Quando Descartes se inclina à janela, ele vê apenas casacos e chapéus. Mas ele julga, por meio desses atributos, que está vendo homens[5]. Daí por diante, esse humanismo e essa fé não são mais possíveis. Inclinados à janela, quando víamos "aquela massa compacta verde ou cinza", não víamos mais homens e sim alemães, ocupantes, nazistas. A política e a moral cartesiana, que ainda ensinamos, queriam que nos recusássemos a "julgar as pessoas por sua aparência"[6]. Daí por diante, não é mais somente isso que fazemos: é o que precisamos fazer, é o que precisamos ter a coragem de fazer. Aí reside a moral mesma da política.

---

4 Essa expressão francesa nomeia a guerra que, em seu início, permanece sem ação, não apresentando combates. [N.T.]

5 Na resenha do livro *Être et avoir* [Ser e ter], de Gabriel Marcel, que escreveu em *La Vie intellectuelle* em outubro de 1936, Merleau-Ponty começa por lembrar essa célebre passagem da segunda das *Meditações metafísicas* de Descartes, para marcar claramente a ruptura que pretende fazer com uma filosofia que toma "como tipo e ideal do conhecimento humano nossa contemplação dos objetos inanimados, das coisas indiferenciadas e que não nos *tocam*" (*Parcours I*, p. 35).

6 Maurice Merleau-Ponty, *Sens et non-sens, op. cit.*, p. 250.

O ANTISSEMITISMO E A FILOSOFIA

A crítica das "ilusões kantianas da democracia"[7] se aplica à ideia segundo a qual a violência só faz aparições episódicas na história, mas também à crença na existência de uma racionalidade do mundo, de um "otimismo democrático" que assegura a coexistência pacífica das liberdades entre si pelo direito.

Essas ilusões não são mais sustentáveis agora:

> Sabemos hoje que a igualdade formal dos direitos e a liberdade política mascaram as relações de força em vez de as suprimirem. E o problema político é então instituir estruturas sociais e relações reais entre os homens de maneira que a liberdade, a igualdade e o direito se tornem efetivos. A fraqueza do pensamento democrático é que ele é menos uma política do que uma moral, uma vez que não coloca nenhum problema de estrutura social e considera dadas com a humanidade as condições de exercício da justiça[8].

A ideia de um progresso conjunto dos conhecimentos, das técnicas, da riqueza coletiva e da civilização é uma bela ideia, mas se revela falsa, desmentida pelos fatos. Os progressos do direito, da democracia política, da solidariedade social ou da arbitragem internacional não são acompanhados de garantias que permitam evitar a catástrofe do ódio, do totalitarismo e da barbárie. Assim, é preciso pensar de outro modo e separar, pelo menos, a política da moral ou do conhecimento.

A guerra, junho de 1940, o extermínio dos judeus, o colaboracionismo francês: esses acontecimentos não inauguram um novo regime histórico? Não provocam um corte no tempo de tal forma que o que se pode dizer depois da história, da política e da humanidade não poderia ter sido dito antes?

A cegueira da filosofia anterior à guerra vale apenas para o pós-guerra e permitia compreender melhor o tempo de antes?

Evidentemente não. Já antes da guerra não havia só consciências universais, livres umas em relação às outras, mas senhores e escravos que se comunicavam na luta, no equívoco, no desejo,

---

7 *Ibidem*, p. 180.
8 *Ibidem*.

na violência. A guerra apenas revelou uma verdade que vale também em tempos de paz, mas que ninguém queria admitir.

Na filosofia humanista, o antissemitismo não é possível. Ele é simplesmente inconcebível. O mal pode existir, mas por inadvertência, relaxamento, ou aparece sempre de maneira temporária e tendo em vista um bem maior. Num mundo em que existem apenas consciências, e cada consciência é uma consciência moral, não é possível que seja de outro modo. O argumento da história não conta, pois se a história prova o contrário, é somente porque ela é inacabada, incompleta. Isso pode ser remediado por uma educação melhor, boas legislações e tratados de paz perpétua, pelo esforço de cada um e de todos. É o que faz, aliás, o mérito e a dignidade da pessoa moral.

O mal é sempre uma ideia inadequada, mal pensada, uma aparência que vai se dissipar, um mal-entendido que a boa vontade será suficiente para desfazer. Como não é pensável, ele tampouco é realmente possível. Acontece o mesmo com o antissemitismo. Ninguém pode ser realmente antissemita, ninguém pode sê-lo sinceramente. Ele provém, portanto, da má-fé, do pensamento confuso, da "mistificação"[9].

Todo o problema político é que uma ideia inadequada, um não ser, uma mistificação não poderiam ter produzido aquilo que se viu: "Pensávamos assim antes de 1939, não podemos mais acreditar nisso agora, após ter visto esses ônibus cheios de crianças na Place de la Contrescarpe"[10]. A política não se faz no mundo das ideias. Nele as ideias desempenham seus papéis, os mitos também, mas é preciso levar seus papéis a sérios. Não é um jogo acadêmico. Não é o exercício de um pensamento especulativo. Esses instrumentos têm poder de vida e de morte sobre os indivíduos.

Desse modo, não podemos permanecer nas divisões demasiado cômodas que opõem ideias e real, otimismo e pessimismo, ação e reflexão, inocentes e culpados, chefes e "massas". A ideia de que o antissemitismo possa ser o produto de chefes conscientes e mistificadores e de "massas" passivas e mistificadas não se sustenta. É preciso mais que isso para que o antissemitismo seja

---

[9] *Ibidem*, p. 252.
[10] *Ibidem*.

possível, para que se possa colocar as crianças nos ônibus e exterminar milhões de pessoas no solo da Europa. Não há, de um lado, líderes fanáticos e, de outro, "massas" inconscientes.

A história, como a vida, nunca se faz de maneira plenamente consciente, com pensamentos claros, intenções evidentes, expressões unívocas, ações totalmente controladas até mesmo em suas consequências mais remotas. A história prossegue semiconsciente, oblíqua e sem essa fácil separação de pastores e rebanhos, responsáveis e inocentes. A história é feita por todos, e o antissemitismo também. Portanto, as "massas" são pelo menos "cúmplices pela metade". Sem essa cumplicidade, sem essa passividade, que é também uma forma de ação, o antissemitismo não teria sido possível.

A situação histórica que torna o antissemitismo possível não pode ser lida segundo uma dialética da culpa e da inocência, do cinismo e da tolice, da atividade e da passividade, dos chefes e das "massas". Ela solicita a superação dessas dicotomias, pois se tornou possível apenas pela colaboração dos dois, por sua cumplicidade. Ninguém pode seriamente pensar que o antissemitismo é uma questão de indivíduo a indivíduo, de consciência a consciência, de homem a homem.

É o "judeu" que é visado pelo antissemitismo, isto é, um mito, uma abstração, um gênero, que se encarna, no entanto, numa criança, numa mulher, num indivíduo. Certamente ninguém tortura nem extermina André, Paul ou Jacques. Tortura-se ou extermina-se o judeu. Mas ocorre que "os golpes atingem os rostos vivos"[11] e que estes têm prenomes, corpos particulares, uma história singular, uma consciência pessoal, pois foi sempre assim e será sempre assim.

Por isso a história e a política nunca são uma questão de consciência a consciência, de indivíduo a indivíduo, como tampouco uma questão de ideias, de conceitos ou de intenções. Elas misturam as ordens, o econômico e o espiritual, o particular e o universal, a paixão e a razão, o mito e a carne. Desse modo, não se pode mais praticar a mesma filosofia. Pois o que vale para o antissemitismo, e a filosofia que deve justificá-lo, vale também para qualquer situação humana. Não se trata de fazer a filosofia

[11] *Ibidem.*

do antissemitismo, mas de propor fazer outra filosofia a partir do antissemitismo. "O antissemitismo alemão nos recoloca diante de uma verdade que ignorávamos em 1939"[12]. Trata-se claramente de uma verdade. Qual é essa verdade?

COMPROMISSO COM O MUNDO

A filosofia anterior a 1939 pensa que o homem é o que ele pensa ser. Sua consciência o define. Com isso, definido por si mesmo, ele se define por um poder absoluto de escolha, uma liberdade completa. É ele quem decide. O homem é um circuito fechado. Essa capacidade de escolher que o caracteriza lhe permite escapar a todas as determinações e, portanto, cada um descrevendo-se da mesma maneira, como consciência e como liberdade, ser homem entre os homens, semelhantes e iguais.

Depois de 1939, não se pode mais acreditar nem que somos livres, nem que escolhemos o que somos, nem que somos para nós mesmos aquilo que somos para os outros, nem que somos homens universais, todos compartilhando uma mesma humanidade suficiente às nossas trocas.

Devemos admitir agora que

> [...] *cada um de nós, na coexistência, se apresenta aos outros sobre um fundo de historicidade que não escolheu, comporta-se para com eles na qualidade de ariano, de judeu, de francês, de alemão, que as consciências têm o estranho poder de se alienar e de se ausentar de si mesmas, que elas são ameaçadas de fora e tentadas de dentro por ódios absurdos e inconcebíveis em relação ao indivíduo*[13].

O *ego cogito*, o sujeito transcendental e a mônada sem portas nem janelas não choram, não sangram. Daí a necessidade de outra filosofia que possa fazer jus à paz, mas também à guerra, isto é, às "verdadeiras lágrimas" e ao "verdadeiro sangue"[14].

---

[12] *Ibidem*, p. 254.
[13] *Ibidem*.
[14] *Ibidem*.

Ao passar da consciência à coexistência, de si ao seu fantasma[15], aprende-se a história, mas aprende-se também a política.

Numa filosofia da consciência, não é somente o antissemitismo que é impossível, é a própria política: "Antes da guerra, a política nos parecia impensável porque é um tratamento estatístico dos homens e porque não há sentido, pensávamos, em tratar como uma coleção de objetos substituíveis e por regulamentos gerais esses seres singulares, cada um dos quais é para si um mundo. Na perspectiva da consciência, a política é impossível"[16].

Lá onde a política moral, a política da consciência, a política cartesiana pode se satisfazer com as intenções e as ideias, com o sentido que nós mesmos damos aos nossos atos, com nossas trocas de argumentos e de razões a propósito destes, a guerra vem mostrar que o que importa bem mais, pelo menos do ponto de vista da vida e da morte, é o sentido que esses atos têm para os outros, o sentido que os outros lhes dão num "certo contexto histórico" do qual não tenho o controle, e que as perspectivas, a minha e a dos outros, não coincidem.

Estamos todos "comprometidos" com o mundo. Não se trata de renunciar nem à coragem — e, por que não, ao heroísmo — nem à nossa liberdade ou aos nossos pensamentos, à nossa arte, à nossa obra. Mas temos de avaliar, precisamente, que eles só existem misturados aos outros, em contato com o mundo, e como que sustentados por ele.

Ao nos ensinar que não há liberdade senão em combate com o mundo e com os outros, então a guerra nos faz apenas reencontrar uma verdade marxista?

Não é bem assim. O marxismo, ao considerar que só há luta de classes, não viu o fascismo nem o nazismo. Tomando o fascismo como um rebento do capitalismo, ele considerou que, entre fascismo e capitalismo liberal, como no momento do caso Dreyfus, se tratava apenas de uma disputa familiar na qual não se devia tomar partido.

---

[15] "Não havíamos compreendido que, como o ator ao assumir um papel que o ultrapassa, que modifica o sentido de cada um de seus gestos e faz desfilar ao seu redor esse grande fantasma do qual ele é o animador, mas também o cativo..." (*ibidem*, p. 254).
[16] *Ibidem*, pp. 255-256.

A guerra nos ensinou, em realidade, algo sobre os limites ou a fraqueza do marxismo. Pois o antissemitismo, a guerra, o fascismo e o nazismo não se deixam reduzir à luta de classes e não se explicam por ela. Por isso a situação em 1945 não foi apenas, do ponto de vista filosófico, uma crítica às filosofias da consciência e do liberalismo, mas uma crítica ao próprio marxismo-leninismo: "mesmo o marxismo merecia ser censurado"[17].

COEXISTÊNCIA, CONFLITO E AMIZADE

No mundo do idealismo, no qual a história e a política são impossíveis, a consciência se ocupa primeiramente com coisas, se possível indiferentes, com objetos. Descartes via passar casacos e chapéus, Léon Brunschvicg pensava a história da consciência segundo o modelo do conhecimento científico, como conhecimento de objetos. Isso é um erro do ponto de vista mesmo do conhecimento. E se torna uma catástrofe se quisermos aplicar tal método à política.

Em realidade, o homem não se ocupa primeiramente com coisas. Ele não é um espectador frente ao mundo, um sujeito frente a um objeto. Essa atitude é sempre secundária e derivada em relação a um contato primordial, de uma natureza completamente outra. O homem se acha primeiramente confrontado a outrem e às suas ações, a "intenções humanas"[18], a emoções, a afetos. A própria natureza, antes de ser objeto de investigação, de cálculo, de técnica ou de ciência, é habitada por significações afetivas e humanas das quais ela nunca pode, a não ser por abstração, separar-se por completo. O dualismo do sujeito e do objeto, assim como do eu e de outrem, é sempre derivado.

Antes do mundo dos objetos, construído a partir de experiências motoras, emocionais, perceptivas, sensitivas, há a experiência primitiva e primordial de outrem, da inseparável mistura do meu corpo e do meu espírito, do eu e de outrem, do eu e do mundo. É a partir dessa situação primordial, a partir dessa "invasão" generalizada, que devemos construir nossa filosofia da história e nossa filosofia política.

17 *Ibidem*, p. 261.
18 Maurice Merleau-Ponty, *Structure du comportement*, Paris: PUF, 1960, p. 181.

Todos sabem que há um paradoxo bem conhecido e inquietante dessa percepção de outrem, como um terror ou um mal-entendido originário de minha relação com o outro. Outrem me é dado, por definição, como aquele que não é eu e que não pode sê-lo, com mais razão ainda se for outra consciência; e quanto mais o reconheço como meu semelhante, como outro eu mesmo, tanto mais percebo nossa invencível separação, a vertigem de nossa incompreensão e de nossa rivalidade de princípio.

No entanto, não se pode ficar aí. Vejo outrem e ele me vê. Mas essa visão de outrem sobre mim não me é exterior. Não é uma relação, como pensa Sartre, de sujeito a objeto, que obriga ao sacrifício de uma subjetividade, seu esmagamento. Pois percebo também a visão de outrem sobre mim em seu olhar, vejo outrem me vendo, capto essa visão em minha interioridade, ela me atinge por dentro. A visão de outrem sobre mim se instala, portanto, na visão que tenho de mim mesmo. Com isso, ela não me destitui de minha subjetividade nem me reduz à posição de objeto ou de coisa. Ao contrário, contribui para a minha subjetivação, é constitutiva dela.

Quando Rimbaud diz "EU é um outro", ele não diz um outro eu mesmo. Não diz tampouco que, não sendo eu mesmo, ele é um objeto. Rimbaud exprime a situação primordial da subjetividade que só é ela mesma por sua faculdade de se deixar atingir e mesmo despersonalizar pelo outro, o qual não se atinge senão por essa capacidade de se desprender. A situação descrita por Sartre corresponde certamente a uma possibilidade extrema, mas essa possibilidade — dois sujeitos puramente espectadores retirados em sua natureza pensante — só é considerável sobre o fundo e como substituição de uma "comunicação bem-sucedida"[19]. Se sinto tão dolorosamente o olhar do outro quando ele me vê como um objeto é porque sei que ele poderia me ver de outro modo, e porque eu mesmo jamais posso vê-lo simplesmente como um objeto.

Tudo o que podemos dizer da consciência perceptiva vale também para a consciência expressiva. Antes da expressão pela linguagem, existe uma comunicação gestual, corporal e emocional que estabelece um contato com outrem. É sobre o fundo dessa

---

[19] Idem, *Phénomenologie de la perception*, Paris: Gallimard, 1945, p. 414.

comunicação primordial e bem-sucedida que pode se constituir uma comunicação linguageira, que é uma comunicação secundária e que jamais pode separar-se daquela.

Compreende-se então, se a história e a política resultam e devem ser pensadas a partir dessa situação primordial — de violência, por certo, de contingência e rivalidade, sem dúvida, mas também de empatia, ligação, comunicação, desejo, amor, espera —, que a possibilidade de uma superação humana da violência, de um "humanismo sério", não está descartada desde o início. Afirmar que a política não deve se reduzir à moral, que o direito precisa tornar-se fato e que a história é feita com sangue verdadeiro e verdadeiras lágrimas não é propor a indiferença, a abstenção, o cinismo ou o quietismo, nem recusar a esperança. É querer dar-lhe um conteúdo concreto, para homens concretos numa história real e efetiva.

A comunicação primordial com outrem dá acesso à natureza da história: uma dimensão de não coincidência, de conflitualidade, mas também uma comunicação preliminar e bem-sucedida, uma transitividade, que garante a possibilidade de haver uma superação humana da violência, contanto que não seja por denegação, mas, ao contrário, a partir de um reconhecimento, pelo aprofundamento e pela justa determinação do que pode ser uma violência humana. Para superar a violência, é preciso começar por reconhecê-la. Desviar-se dela é absolvê-la e dar-lhe plenos poderes.

A essência trágica da política é um fato. Mas não é um fato último que encerra para sempre o registro da história. Há algo por fazer, e esse algo é possível precisamente porque a violência é uma modalidade entre outras da coexistência, porque ela não é a única e porque há vários tipos de violência diferentes.

Se nos limitássemos somente à violência bruta do extermínio, a história não seria trágica. O trágico está ligado à sua contingência, isto é, ao fato de que ela poderia ser de outro modo. Se a história não pudesse ser de outro modo, se a violência do extermínio fosse o último elemento porque único, ela seria simplesmente fatal. Precisamos ter a ideia de que uma outra história é possível, de que a destruição não é uma necessidade, de que podemos fazer outros usos de nossa liberdade para sentir o verdadeiro trágico da história, para sermos capazes simplesmente de discerni-lo.

A CONTINGÊNCIA DA HISTÓRIA

Nada está garantido, nem nossas existências nem nossos valores. O mal e o bem são identicamente contingentes. Há algo por fazer contra o caos, a insensatez, o absurdo ou o ódio, mas esse algo não está reservado em parte alguma. Ninguém pode saber sequer o que convém fazer de um saber certo e definitivo.

Podemos tirar uma lição filosófica e política da guerra. Esse mal não era necessário, não era fatal. A guerra poderia não ter acontecido. Mesmo os que deixam o futuro aberto tendem facilmente ao fatalismo quando se voltam para o passado, sucumbindo àquele "movimento retrógrado do verdadeiro" que parece ligado à estrutura de nossa inteligência. Precisamos imaginar outras histórias possíveis, inventar ucronias. A contingência que está presente hoje é a mesma de ontem. O que permite evitar que aquilo se reproduza é que aquilo poderia já não ter se produzido.

Para evitar a guerra, não bastava recusá-la em bloco, afirmar valores ou o pacifismo, opor indignações a ações. Era preciso ter a compreensão do que ia se produzir, do que teria sido necessário para evitá-lo.

O que vale para o mal também vale para o bem. Nada nos garante um progresso que se fará apesar dos dramas e do caos da história, uma balança dos sofrimentos e dos prazeres que penderá, no final, para a resolução dos conflitos, para o reinado da beatitude e a salvação dos justos. Se nenhum genocídio é fatal, nenhum paraíso está prometido. "Tudo é possível da parte do homem, e até o fim"[20]: tudo, isto é, o pior, mas também, por que não, o melhor.

Essa compreensão da história como sendo essencialmente contingente se choca contra todas as concepções que, para encontrar nela um sentido, sempre a revestiram de uma necessidade, ainda que secreta, e a fizeram obedecer a um plano. Essas concepções lhe davam uma direção, estabeleciam uma finalidade ou um princípio explicativo. Idealistas à moda hegeliana, materialistas à moda marxista, ambos não percebem o tecido da história como contingência, troca do sentido e do não sentido, do acaso e

---

[20] *Idem, Signes, op. cit*, p. 304.

da verdade. Mais exatamente, segundo um esquema criado pelo agostinismo, a história contingente é salva a partir de uma história necessária, a história profana a partir da história sagrada. É por isso, aliás, que tal concepção nunca tem dificuldade de reconhecer plenamente a contingência da história humana vivida e conhecida pelos homens. Mas essa mesma história, vista de outro ponto de vista, o de Deus ou da Razão, tem outro sentido e revela-se necessária. De certo modo, a lição da guerra nada acrescenta ao que Santo Agostinho ou Hegel já sabiam, mas ela muda tudo, porque suprime o outro plano, a cidade de Deus, a coincidência do lógico e do cronológico, o Espírito absoluto. Não há mais história sagrada.

"MAQUIAVEL CONTA MAIS DO QUE KANT"

Em *Humanismo e terror*, Merleau-Ponty volta a falar da guerra e da ocupação, fazendo assim a ligação com a revolução marxista e os processos de Moscou: "os dois fenômenos são comparáveis na medida em que ambos recolocam em questão o incontestado"[21].

Nos dois casos, estamos num momento em que se revelam "os fundamentos contingentes da legalidade", em que se dissociam "a legalidade formal e a autoridade moral", em que se "constrói uma nova legalidade"[22]. Esses momentos revolucionários fazem aparecer a violência que preside as relações humanas, "as origens passionais e ilegais de toda legalidade e de toda razão"[23]. A contingência da história diz a violência da ordem política. O inverso também é verdadeiro: a violência da história testemunha a contingência do político.

Do ponto de vista da história e do poder, afirmar que os resistentes tiveram razão é mentir, é nada compreender e sucumbir nas ilusões da consciência moral. Eles tiveram razão porque ganharam, assim como o colaborador errou porque perdeu. Mas

---

[21] Idem, *Humanisme et terreur: essai sur le problème communiste*, Paris: Gallimard, 1947, p. 125.

[22] Ibidem.

[23] Ibidem, p. 26.

antes, no momento da escolha, na luta ainda inconclusa em que ninguém sabia o resultado do combate, havia o provável, a coragem, o fracasso possível e, no caso de alguns, o heroísmo, isso porque houve escolha, ação e risco assumidos. Não era uma questão de estar certo ou errado.

Os heróis, os que morreram na ação, não desejaram nenhum reconhecimento. Eles agiram no risco de que sua ação fosse esquecida ou mesmo condenada para sempre, e é precisamente o que faz deles heróis. Em história e em política, nem sempre os que ganham são os mais justos, mas são os mais fortes que sempre têm razão, escrevem a história, distribuem as notas boas e as ruins, organizam a legitimidade e a celebração.

O que foi julgado, quando o tribunal da história se pronunciou, não foi o que os homens quiseram, foi "o que eles julgam ter feito à luz do acontecimento"[24]. Não há justiça imparcial nem razão fria. Há escolhas que foram feitas sem estar garantidas, que empenhavam a vida e a morte. Por isso, toda tentativa de racionalizar a história é falsa. Fuzilaram colaboradores que acreditavam servir ao interesse nacional. Mas foram protegidos outros, por muito tempo e no mais alto nível do Estado francês, que haviam contribuído para os piores atos do poder nazista. O que eles pensavam ou no que acreditavam não teve importância alguma. Pois isso não conta onde se faz a história. São outros princípios que atuam, outros interesses que pesam, outras motivações que se exercem. Cada um pode e certamente deve conservar seu poder de julgamento e de indignação em relação a esse estado de fato. Mas, se quisermos modificá-lo e enfrentá-lo, não é inútil levá-lo em conta previamente.

Não é isso a expressão de um insuportável relativismo, de um cinismo repugnante? Em realidade, a imputação de relativismo ou de cinismo não procede. Cínico é quem prefere suas ilusões à luta, sua boa consciência à ação, quem recusa levar em conta as violências do real. A natureza da história que evocamos há pouco não é circunstancial. Ela se baseia num fundamento antropológico que é o reconhecimento do fato maior da encarnação. A política de uma consciência encarnada num corpo não

---

[24] *Ibidem*, p. 132.

é a mesma política que a de uma consciência desencarnada. Se o homem não tivesse necessidade dos outros, se não entrasse em relação de rivalidade, de concorrência e de conflito com outros homens, não haveria história: "A história, portanto, é essencialmente luta — luta do senhor e do escravo, luta de classes —, e isso por uma necessidade da condição humana e em razão do paradoxo fundamental de que o homem é indivisivelmente consciência e corpo, infinito e finito"[25].

A natureza violenta e conflitante da história é, assim, a consequência da natureza do homem como consciência encarnada. Mas tal consciência da história, compreendida a partir de uma situação fundamental que excede todas as épocas e todos os regimes, levando a reconhecer que em seu fundo ela é violência, postula também que a superação da violência não pode ser obra da consciência, da moral ou do liberalismo, isto é, de uma negação dessa violência, uma recusa dessa situação fundamental. Não se pode sequer qualificar sua ação, julgá-la, compreendê-la, a partir da consciência que se tem dela, já que esta é sempre parcial e pesa pouco no tribunal da história: "Maquiavel conta mais do que Kant"[26].

RAZÃO E DESRAZÃO NA HISTÓRIA

A contingência é o que dá a dimensão trágica, incerta, arriscada e, em parte, imoral de toda ação. Mas ela é também o que funda a liberdade, já que nossas escolhas têm uma influência: "em certos momentos, pelo menos, nada está decidido nos fatos, e é justamente nossa abstenção ou nossa intervenção que a história espera para tomar forma"[27]. Sob esse aspecto, ela impede todo quietismo, toda indiferença, todo cinismo. O reconhecimento da contingência histórica não pode mais justificar uma renúncia aos nossos valores, como tampouco dar a certeza de sua realização na história. O trágico da história é também não poder escolher

---

[25] *Ibidem*, p. 204.
[26] *Ibidem*, p. 207.
[27] *Ibidem*, p. 159.

entre o interior e o exterior, entre "a história e o atemporal"[28], entre os valores e a ação.

O ceticismo nunca teve a última palavra. Ele leva a modificar nossa ideia da verdade, mas não a renunciar a ela. Insiste-se em fazer compreender que o homem não é um anjo, que há um perigo em acreditar nisso e que não basta amar os princípios sem se preocupar com as consequências ou ter confiança na boa natureza da razão. Mas se, ao querer demais ser anjo, segundo a célebre fórmula de Pascal, se acaba sendo animal, está claro que a recusa do angelismo não é consentimento à bestialidade. É preciso caminhar na história à altura do homem.

Merleau-Ponty, muito cedo, toma suas distâncias em relação aos excessos do racionalismo. Ele faz isso na resenha, em 1936, de *Ser e ter*, de Gabriel Marcel: "Nada é mais conforme à razão que essa recusa de uma certa razão"[29]. Ele prossegue, em 1938, por ocasião da discussão sobre a licenciatura de filosofia: "Se nos ativermos à razão, é talvez mais importante conhecer sua fragilidade do que acreditar no seu advento garantido de antemão nas coisas"[30]. Quanto mais os anos passam, mais Merleau-Ponty avalia os perigos de um racionalismo absoluto, que é a forma filosófica e laicizada da religião do Pai e cujos efeitos políticos são, pelo menos, igualmente perigosos: "O mundo, além dos neuróticos, conta com um bom número de 'racionalistas' que são um perigo para a razão viva"[31].

Pois a questão é esta: "Como é possível o antissemitismo?" Merleau-Ponty sabe que, entre as condições de possibilidade do antissemitismo, há certo estado do mundo e da razão. É exatamente o que, à sua maneira, dizem também os filósofos da Escola de Frankfurt: o antissemitismo não é apenas um momento, é o que foi tornado possível por uma pré-história filosófica, e assim ele revela alguma coisa do mundo que o produziu: "Seu

---

[28] Idem, *Résumés de cours au Collège de France*, Paris: Gallimard, 1968, p. 43.
[29] Idem, *Parcours I*, op. cit., p. 107.
[30] *Ibidem*, p. 132.
[31] Idem, *Signes*, op. cit., pp. 248-249.

'irracionalismo' é deduzido diretamente da natureza da razão dominante e do mundo que corresponde à sua imagem"[32].

O homem, a razão e a política formam um triângulo de três noções ligadas. Ao passar de uma história necessária a uma história contingente, segue-se o mesmo movimento que ao passar de um humanismo de pleno direito a um humanismo de fato, e de uma razão absoluta a uma razão frágil e finita. Só que uma razão que deve justificar a si mesma não é menos racional, ela o é ainda mais. O mesmo ocorre no que concerne à história e à política. Reconhecer a violência presente na história, o irracional, a contingência, admitir o inumano, não é satisfazer-se com ou resignar-se a isso. É também avaliar a amplitude da tarefa. Entendida assim, há uma racionalidade histórica que existe de fato e que requer ser precisada. Obedece ela a uma ideia, a valores, a crenças, ou é apenas o produto de uma luta econômica e material? A posição de Merleau-Ponty sobre essa questão é a de uma dupla recusa, tanto do materialismo como do espiritualismo: "A história realiza uma troca de todas as ordens de atividade"[33]. É essa, aliás, a significação que ele dá ao marxismo verdadeiro, o de Weber e do Lukács de *História e consciência de classe*. Pois, se se recusa conceber a história como acabada, lógica, necessária, não se pode tampouco querer considerá-la uma contingência tal que ela seria um caos, um acaso, "uma série de episódios sem ligação"[34]. É preciso, pois, encontrar uma racionalidade específica à história, sob pena de vê-la desaparecer: "Há história se há uma lógica na contingência, *uma razão na desrazão*"[35].

Essa descoberta não é tardia. *Humanismo e terror* já colocava a questão: há uma *fé histórica assim como há uma fé perceptiva*. Mesmo se observo o objeto apenas por uma faceta, segundo uma perspectiva, vejo o objeto em sua integralidade. Dá-se o mesmo com a história. Situado nela, considerando-a apenas de certo ponto de vista, é, no entanto, a história que vejo, que conheço, que faço.

---

[32] Max Horkheimer e Theodor Adorno, *La Dialectique de la raison*, Paris: Gallimard, 1974, p. 19.
[33] *Résumés de cours au Collège de France*, op. cit., p. 44.
[34] *Ibidem*, p. 46.
[35] *Ibidem*.

Cada visão subjetiva da história aspira à verdade, e ninguém vive pensando que esta é absolutamente insensata e irracional.

A ESPERANÇA DE UMA VERDADE
Ninguém abandona "a esperança de uma verdade"[36]. Merleau-Ponty invoca "um grande e saudável ceticismo, que é indispensável para reencontrar o fundamental"[37]. O ceticismo não renuncia à verdade se for até o fim, isto é, se consumar o assassinato do infinito positivo, do saber absoluto, da história necessária, da política racional. Ele é uma outra relação com a verdade.

Montaigne domina esse pensamento político razoável: "é da dúvida que virá a certeza. Mais ainda: é a dúvida que vai se revelar certeza"[38]. Estamos, com o ceticismo, no lugar mesmo da democracia. Inversamente, toda crença na racionalidade absoluta da história, toda crença no infinito positivo e todo retorno "à presunção"[39] de quem crê poder, por um ato de fé, de inteligência ou de vontade, fazer coincidir o finito e o infinito estão carregados de perigos e de riscos. O reconhecimento da loucura mortífera, da mistificação liberal, da impotência do humanismo de pleno direito e mesmo de sua cumplicidade com o desastre, não deve conduzir à renúncia: "Seguramente, e é aí que queríamos chegar, esses cinco anos não nos ensinaram a achar ruim o que julgávamos bom... Não cometemos um erro, em 1939, ao querer a liberdade, a verdade... e não renunciamos ao humanismo"[40].

A lição política a tirar dessa constatação não é o cinismo. O verdadeiro cinismo leva a escarnecer de seus valores, a se pavonear com eles, a se contentar que permaneçam "nominais", puros, ideais, e que a realidade exponha ao lado seus horrores. O verdadeiro cinismo é a política moral, é o angelismo, é o pacifismo, é o "humanismo sem vergonha".

---

[36] *Idem, Sens et non-sens, op. cit.*, p. 110.
[37] *Idem, Parcours I, op. cit.*, pp. 209-210.
[38] *Idem, Signes, op. cit.*, p. 260.
[39] *Idem, Sens et non-sens, op. cit.*, p. 167.
[40] *Ibidem*, p. 268.

Não se trata tampouco de ser um "aproveitador" que não crê nos valores, nas finalidades, e considera que o único caminho a seguir no desastre do mal, da contingência, da força, é o do poder e do interesse: "Não se trata de renunciar aos nossos valores de 1939, mas de realizá-los"[41]. Merleau-Ponty diz apenas que esse fracasso não invalida a crítica marxista à mistificação liberal e o princípio segundo o qual uma política deve ser julgada pelos resultados. Para alguns, é o que pode fazer o imoralismo da política, ainda mais que esta, operando no campo imprevisível da história, não pode garantir a adequação das intenções e dos atos. Mas isso também faz a dignidade e a seriedade dela, uma vez que, na ação política, não basta jamais querer, é preciso buscar com dificuldade, sem nenhuma garantia prévia, na análise das forças, das situações e das realidades, as figuras que essas vontades devem assumir.

Nessa perspectiva, há uma arte particular do político, uma autonomia deste último, portanto uma virtude própria à política. Certa forma de cinismo e certa forma de maquiavelismo estão, desde o início, excluídas. Não se trata nem de lavar as mãos quanto ao que pode acontecer e satisfazer-se apenas com as intenções, nem, ao contrário, de se contentar com uma arte dos meios e da artimanha com o único objetivo de conquistar, exercer e conservar o poder. Não sendo só da ordem do direito nem só da ordem dos fatos, a política, sua dificuldade e sua "maldição", escreve Merleau-Ponty, mas também sua honra, "está justamente em que ela deve traduzir valores na ordem dos fatos".

A teoria da história, percebida como contingente, trágica, aberta, desemboca numa extrema valorização do político, já que "somos atores numa história aberta"[42]. O tipo de racionalidade que se pode encontrar na história é determinante para definir qual política pôr em prática. Merleau-Ponty não separa a questão do conhecimento da questão da ação, assim como não separa o interior do exterior.

Ninguém pode condenar uma política por suas intenções. Ninguém, tampouco, pode absolvê-la. É preciso avaliar e julgar se

---

[41] *Ibidem*, p. 238.
[42] *Idem, Humanisme et terreur, op. cit.*, p. 192.

os atos correspondem às intenções, e qual é a distância entre as palavras e as coisas, o direito e o fato. Esse princípio vale tanto para a crítica ao liberalismo como para a crítica ao marxismo. A questão não é saber se há um humanismo teórico do marxista. Isso é incontestável. É, antes, saber se a sociedade comunista, tal como existia, realizava realmente esse humanismo.

A teoria marxista revela, como em Maquiavel, uma verdade do político. Esta se formula na constatação de que nenhuma sociedade é sem conflito: confrontos existem, interesses se opõem, a violência está presente. Querer ignorar essa violência é fazer outro uso dela. Certo pacifismo e certo humanismo têm sua parcela de responsabilidade no desastre. Na teoria marxista, a questão política colocada é a da superação da violência tendo em vista um "futuro humano"[43]. Eis aí o nó. Ele se baseia inteiramente na violência proletária, na medida em que o proletariado, em Marx, é o fator histórico no qual o particular se eleva ao universal, a "ditadura do proletariado" sendo "a dos homens mais puramente homens"[44].

Retorna a questão: o fato corresponde ao direito? Os comunistas fazem o que eles querem? A resposta é sem apelação: "se se tentasse apreciar a orientação geral do sistema, dificilmente se afirmaria que ele vai em direção ao reconhecimento do homem pelo homem, do internacionalismo, do definhamento do Estado e do poder efetivo do proletariado"[45].

Por essa razão, trata-se claramente de reconhecer o caráter contingente da história, a essência trágica da política, a violência, embora colocando sempre as condições de sua superação humana e real. O que se busca, o que jamais deve ser rejeitado, é uma política da verdade.

Há uma grande figura dessa política, assim como dessa filosofia: Sócrates, ele que sabia "que não há saber absoluto", mas que sabia, sobretudo, que é precisamente "por essa lacuna que estamos abertos à verdade"[46]. Merleau-Ponty não pretende fazer obra de descobridor, mas antes nos recorda uma sabedoria conhecida

---

[43] *Ibidem*, p. 45.
[44] *Ibidem*, p. 46.
[45] *Ibidem*, p. 48.
[46] Idem, *Éloge de la Philosophie et autres essais*, op. cit., p. 47.

desde muito tempo, pelo menos desde os gregos: "não seria a condição humana de tal modo que não há solução perfeita?"[47]. Sócrates, inocente que aceita sua condenação, não renunciando assim nem ao julgamento de sua consciência nem ao das leis, e Édipo culpado, embora inocente, já nos diziam, ambos, que uma ignorância fundamental e uma cegueira estavam presentes em nossas ações e em nossas escolhas, que a partilha do interior e do exterior, assim como a da pureza e a da impureza, era a mais difícil de fazer. Tal constatação, porém, não poderia conduzir ao ceticismo ou ao relativismo, que consideraria que todas as condutas e todas as políticas se equivalem. Pelo contrário, ela incita a julgar com mais fineza, nuance e prudência.

Eis onde estamos, no entremeio, no lugar mesmo do político: expulsos do acontecimento pelas ligações deste com todos os outros, banidos da totalidade histórica pela contingência e a subjetividade, não podendo nem renunciar a esse sentido globalizante nem recusar a responsabilidade do acontecimento e do engajamento, entre a solidão de nossa consciência, de seus julgamentos, e a solidariedade de nossa situação e da ação, engajados com os outros, no meio deles.

---

[47] *Idem, Humanisme et terreur, op. cit.*, p. 68.

O terror comunista: uma regressão no pensamento político

Ninguém se surpreenderá que, tendo de falar do comunismo, tentemos penetrar, através da nuvem e da noite, esses rostos que se apagam da terra.
MAURICE MERLEAU-PONTY

O confronto com o marxismo é o maior confronto do século que acaba de passar, do ponto de vista do que chamamos aqui de político. Merleau-Ponty compreendeu isso bem. Esse confronto, no entanto, é esquivado de maneira espetacular pelos que pretendem hoje dar a interpretação de sua filosofia. Tal recusa é tanto mais impressionante por não ser sequer motivada, não sendo nem deliberada nem mesmo percebida. Enquanto tal, esse esquecimento de Marx é o sintoma mais visível da elisão do político[1]. Ele explica por que se pode falar de uma regressão no pensamento político. Declarar que "Marx está morto"[2] não é mais pertinente do que anunciar a morte de Deus ou a do homem. Para ter acesso ao nosso tempo, para evitar uma regressão, para avaliar bem com qual tarefa a filosofia política é hoje confrontada, a discussão com o marxismo é indispensável.

Para Merleau-Ponty, assim como para a maior parte dos filósofos de seu tempo, o confronto intelectual com o marxismo e o comunismo é a grande questão, que envolve ao mesmo tempo

---

[1] Nos três volumes que dedicou a Merleau-Ponty, Emmanuel de Saint-Aubert cita Marx apenas nove vezes e, em sua maior parte, as referências são indiretas ou pertencem a enumerações. *Le Scénario cartésien*, Paris: Vrin, 2005, pp. 61 e 121; *Du lien des êtres aux éléments de l'Être*, Paris: Vrin, 2004, pp. 72 e 128; *Vers une ontologie indirecte*, Paris: Vrin, 2006, pp. 66, 67, 156, 170, 175 e 179. Em Étienne Bimbenet, *Nature et humanité: le problème anthropologique dans l'oeuvre de Merleau-Ponty*, Paris: Vrin, 2004, há somente três referências a Marx, pp. 79, 221 e 307.

[2] Título de um livro de Jean-Marie Benoist publicado em 1970, *Marx est mort*.

o pensamento e a ação. Esse confronto não concerniu apenas aos marxistas patenteados ou aos companheiros de estrada, mas interessou também aos que sempre mantiveram suas distâncias. Em 1968, Raymond Aron escreve ainda que "Marx permanece nosso contemporâneo"[3], acrescentando que seu pensamento é não apenas "espantosamente atual" como também "cientificamente fecundo"[4]. Isso justifica plenamente que ele não tenha cessado "de lê-lo e de relê-lo nos últimos quarenta anos"[5].

Não se trata de ser a favor ou contra Marx, marxista ou antimarxista, de misturar-se à "confusão em que se acotovelam marxistas, marxianos e marxólogos"[6]. O próprio Marx não era marxista e fazia questão de que o soubessem. Trata-se, isto sim, de julgar que todo pensamento do político do século XX não pode omitir o debate com o ou os marxismos, por razões não apenas ligadas ao poder histórico do comunismo, mas que provêm diretamente da força teórica do marxismo enquanto tal.

A filosofia de Merleau-Ponty escapa menos do que outras a essa regra. Ela está em discussão e em confronto permanentes, desde o início, com o marxismo e o comunismo, e com o que liga um ao outro.

É antes da guerra que Merleau-Ponty, segundo o testemunho de Sartre, está mais próximo dos comunistas. Ele deseja, nessa época, ver Marx, a história e a política inscritos no programa de licenciatura. Consagra à discussão com o marxismo a maior parte de seus livros publicados: uma parte considerável em *Sens et non-sens* [Sentido e não sentido], evidentemente em *Humanismo e terror* e em *As aventuras da dialética*, mas também em *Signos*, e no "Prefácio", tão decisivo, deste último livro. A explicação com o marxismo, portanto, não se reservou aos escritos posteriores à guerra, ela não corresponde a um único momento de sua reflexão, mas acompanha toda a sua filosofia, dos primeiros aos últimos escritos.

---

[3] Raymond Aron, *D'une sainte famille à l'autre: essai sur les marxismes imaginaires*, Paris: Gallimard, 1969, p. 284. O título dessa conferência pronunciada na Unesco por ocasião do 150º aniversário de nascimento de Marx é "Equívoco e inesgotável".

[4] *Ibidem*, p. 295.

[5] *Ibidem*, p. 283.

[6] Maurice Merleau-Ponty, *Signes, op. cit.*, pp. 11-12.

Essa discussão permanente e sempre retomada é, ao mesmo tempo, teórica — sobre a natureza da dialética, da história e do próprio marxismo em suas diferentes épocas e em suas diferentes figuras — e também diretamente política, e diz respeito ao comunismo, sua realidade, sua evolução, a situação concreta do mundo comunista e as relações entre Leste e Oeste. É curioso constatar até que ponto essa discussão foi recalcada pela historiografia contemporânea consagrada a Merleau-Ponty.

De fato, tal exclusão se arrisca a ocultar não apenas o marxismo, mas também a crítica ao marxismo, voltando-se então a uma posição filosófica pré-crítica e inoperante. Esse risco não é abstrato. A derrocada dos regimes totalitários e do marxismo-leninismo levou muitos intelectuais a justificar o que é, em vez de exercer sua função crítica. Depois de ver o marxismo "como filosofia insuperável de nosso tempo", temos agora o liberalismo e um retorno às ilusões kantianas da democracia.

Não é paradoxal afirmar que a crítica ao marxismo supõe, para ser pertinente, integrar o que o marxismo comporta de valor crítico e servir-se disso para sua própria superação. Em outras palavras, a possibilidade de uma filosofia política hoje, para o nosso tempo, supõe a discussão com Marx, com as interpretações diversas de sua obra, com sua atualidade[7].

MERLEAU-PONTY E O MARXISMO

Por que esse privilégio concedido ao marxismo, quando a questão do regime comunista está resolvida há pelo menos duas décadas, e quando essa questão poderia legitimamente ter engolido com ela toda pertinência e toda atualidade à doutrina que lhe servia de fundamento? Porque o marxismo é a única filosofia que, segundo os próprios critérios do político, não elude a natureza daquilo de que pretende fazer a filosofia. Enquanto o antigo liberalismo é

---

[7] Aliás, é de certo modo através do diálogo crítico com Marx que se operou a recuperação possível de Max Weber e de Maquiavel. Quanto a Maquiavel, cf. Miguel Abensour, *La Démocratie contre l'État: Marx et le moment machiavélien*, Paris: Le Félin, 2004. Quanto a Weber, é um autor a quem André Gorz presta homenagem em *Écologica*, Paris: Galilée, 2008, pp. 9-10, assim como Jean-Marie Vincent em *Max Weber ou la démocratie inachevée*, Paris: Le Félin, 1998.

primeiramente negação do político enquanto tal, e mesmo da história, o marxismo começa pelo reconhecimento de um e da outra. Isso justifica que Merleau-Ponty dialogue com essa filosofia de maneira privilegiada, para não dizer, pelo menos no início, quase exclusiva. É pela mesma razão, porque não permanece fiel à essência do político e à compreensão da história, porque pretende voltar a uma coincidência do fato e do direito, pondo fim à contingência e ao trágico, que o marxismo será, em certo momento, ultrapassado.

A posição de Merleau-Ponty em relação ao marxismo não cessará de evoluir com o tempo. Ela é tomada na história que se faz, com suas incertezas, suas hesitações, suas fidelidades e suas rupturas. Por muito tempo, ele buscará salvar o máximo de teóricos do marxismo, a começar pelo próprio Marx, das dificuldades históricas enfrentadas pelo comunismo. Mas progressivamente será levado a modificar sua compreensão do marxismo, inclusive do marxismo de Marx, e a atribuir a este último a responsabilidade de sua própria traição numa prática que não corresponde às suas prescrições.

Esse questionamento da filosofia marxista não atinge apenas o marxismo. É também questionamento da ontologia do próprio Merleau-Ponty como ontologia fenomenológica e como metafísica existencialista, ambas se baseando, através da teoria do Presente Vivo e do Proletariado, numa coincidência possível do ser e do conhecer. Isso implica um novo ponto de partida, implica formular uma ontologia, a dos últimos escritos, que seja uma ontologia da não coincidência[8]. O confronto com o marxismo é, como Sartre viu bem, a prova decisiva na filosofia de Merleau-Ponty. É o que justifica a passagem da primeira filosofia à segunda, da percepção à visão, da fenomenologia à ontologia.

MARXISMO E EXISTENCIALISMO

Quando Sartre explica que Merleau-Ponty era o filósofo de sua política, ele indica claramente que não se pode nem se deve separar

---

[8] Sobre a disposição comum da fenomenologia e do marxismo como existencialismo, bem como sobre esse novo ponto de partida, cf. nosso livro *La Tradition de l'esprit: la pensée interrogative de Merleau-Ponty*, terceira parte, capítulos I e II, Paris: Grasset, 1994.

duas séries de textos, os textos políticos e os textos filosóficos. Da mesma maneira, Marcel Gauchet teve razão de observar que os primeiros escritos filosóficos de Merleau-Ponty já são conduzidos no horizonte de uma preocupação política[9].

No final do quinto capítulo da *Fenomenologia da percepção*, uma longa nota intitulada "O corpo como ser sexuado" vem encerrar a primeira parte consagrada ao corpo. Merleau-Ponty aborda ali o materialismo histórico segundo uma dupla leitura. Por um lado, contra todo reducionismo ou economismo, ele afirma que com Marx "a economia é reintegrada à história, em vez da história reduzida à economia"[10]. Por outro lado, ele demonstra que o materialismo histórico responde ao projeto de uma filosofia da história concreta, no sentido de que faz entrar na história, além do "manifesto", o "latente", isto é, "as relações inter-humanas tais como se estabelecem efetivamente na vida concreta". Por trás da crítica do homem abstrato, formal, reduzido à "abstração jurídica do cidadão", o materialismo busca reintroduzir "o sujeito real da história", sujeito que não é "somente o sujeito econômico", mas também "o sujeito vivo", aquele que ama, que cria, que dá sentido à sua existência. Ele é, ao mesmo tempo, um conhecimento mais completo e uma ação mais humana.

Contrariamente ao que alguns marxistas dão a entender, o materialismo histórico, portanto, não reduz as superestruturas às infraestruturas, o homem ao produtor, a história à economia, o espírito à matéria, mas busca fazer a história repousar sobre "a maneira de existir e de coexistir". O marxismo verdadeiro recusa o cientificismo, o naturalismo e o positivismo[11].

Não existe "dialética da natureza"[12], pois não existe natureza independentemente de nossa percepção e de nossa ação. Convém opor um pseudomarxismo, que não merece nenhuma consideração, nem intelectual nem política, a um marxismo autêntico, em relação ao qual Merleau-Ponty não mostra aqui nem reserva

---

9 "Em todo caso, num autor como Merleau-Ponty, a coisa política está manifestamente presente desde o ponto de partida de sua reflexão mais filosófica..." (Marcel Gauchet, *La Condition historique*, Paris: Stock, 2003, p. 71).

10 Maurice Merleau-Ponty, *Phénomenologie de la perception*, op. cit., nota 1.

11 *Ibidem*, pp. 221-222.

12 *Ibidem*, p. 224.

nem distância. Para esse marxismo, "tudo tem um sentido. Esse sentido da história como totalidade nos é dado não por alguma lei de tipo físico-matemático, mas pelo fenômeno central da alienação. No movimento da história, o homem, que se alienou em proveito de seus fetiches e se esvaziou de sua própria substância, retoma posse de si mesmo e do mundo"[13].

Esse marxismo autêntico, construído sobre uma bela promessa, não é outro senão a própria filosofia existencial. Sua herança hegeliana é evidente. O sujeito da história é "a intersubjetividade humana concreta"[14], que se cria por suas encarnações num processo aberto e sem fim, no qual ele conquista sua autonomia a partir dos instrumentos da necessidade e utilizando-os.

O marxismo de Merleau-Ponty nada tem a ver com a dialética objetiva e científica defendida pelos marxistas ortodoxos. No seu marxismo, "a determinação histórica dos efeitos pelas causas passa pela consciência humana"[15]. Somente um "marxismo superficial" pode fazer crer que a consciência é sem eficácia ou mesmo um simples reflexo. Para que a classe social opere, a começar pelo proletariado, é preciso primeiro que ela tome consciência de si mesma. Certamente a consciência, a subjetividade e a vontade não decidem fazer a história como se faz uma obra ou um capricho. Elas devem compor com a inércia do tempo, com as orientações secretas, com a situação econômica, em suma, com certo "materialismo histórico". Não se trata jamais de uma vontade pura ou indiferente, decidindo gratuitamente sem outra motivação que ela mesma, ato gratuito ou começo absoluto, muito menos ainda uma vontade sem inclinação nem escolha que, como o asno de Buridan, se deixaria morrer de fome ou de sede, a meio caminho entre o balde de água e o balde de feno. Essas liberdades puras, liberdades de escolha, não existem.

Do mesmo modo que recusa a teoria da consciência como reflexo, o marxismo verdadeiro não consiste em reduzir tudo ao econômico em última instância. Para ele, a força do marxismo é ter "tratado a história cultural e a história econômica como

---

[13] *Ibidem*, p. 227.
[14] *Ibidem*, p. 228.
[15] *Idem, Sens et non-sens, op. cit.*, p. 186.

dois aspectos abstratos de um mesmo processo"[16]. Há um enraizamento histórico, material, social e econômico do sentido, da consciência, da cultura, mas não há redução de uma série a outra. A história não é guiada por vontades claras. Ela não corresponde a intenções ou a um plano. Não é pré-ordenada, mas opera por "complexos políticos" e "projetos anônimos": "A história não é feita nem apenas pelas ideias nem por interesses conhecidos como tais, mas por interesses disfarçados em ideias, por ideias caídas no estado de preocupações e de angústias vagas no vaivém confuso da existência"[17].

EQUÍVOCO OU CONTRADIÇÃO?

Merleau-Ponty avalia muito cedo o que sua concepção do materialismo histórico pode ter "de equívoca". Ao tratar história das ideias e história econômica como duas expressões diversas de uma mesma história, "a da existência social", ele recusa a escolha e, de certo modo, conferindo ao "drama econômico" uma significação secundária e somente "existencial", reconduz o marxismo ao "espiritualismo". "Uma teoria existencial da história é ambígua, mas essa ambiguidade não lhe pode ser censurada, pois ela está nas coisas"[18].

Não é mais o materialismo histórico de Marx ou de seus epígonos que deve ser defendido, é a concepção existencialista da história como verdade do materialismo histórico. A linha de defesa é interessante na medida em que distingue dois casos: o dos períodos de ruptura ou de revolução e o dos períodos calmos. Merleau-Ponty estabelece um curioso paralelo entre os períodos de revolução e a doença. Assim como a patologia "submete o homem ao ritmo vital de seu corpo", nos períodos revolucionários

---

[16] *Ibidem*, p. 189.

[17] *Ibidem*, p. 196. Mas, nessa época, Merleau quer uma política para o povo que seja uma política pelo povo (*ibidem*, p. 212), isto é, que ele se pronuncie a favor de uma política proletária que, por essa razão, é uma política revolucionária. Nessa época, otimista, Merleau escreve: "Mas se a alternativa é entre o socialismo ou o caos, a imprudência está do lado dos que contribuem para agravar o caos, sob pretexto de que a revolução é um risco" (*ibidem*, p. 231).

[18] *Ibidem*, p. 211.

"a história comprime mais de perto a economia". Mas mesmo aí as relações econômicas devem ser "vividas e retomadas por um sujeito humano, isto é, envolvidas em trapos ideológicos, por um processo de mistificação ou, melhor, por um equívoco permanente que faz parte da história e que tem seu próprio peso". A ideia de uma "causalidade econômica pura" não faz sentido. Em contrapartida, o econômico conta e nem pode ser descontado da história.

Essa defesa, que faz passar o interior ao exterior e vice-versa, enraizando o sujeito numa situação, mas definindo-o também pelo poder que possui de dar sentido a esta, leva a distinguir o marxismo do materialismo e do espiritualismo[19]: "O marxismo não é uma filosofia do sujeito, mas tampouco uma filosofia do objeto: é uma filosofia da história"[20]. Uma nova abertura se opera. A justa compreensão do materialismo histórico é a da filosofia da existência, mas a filosofia da existência está mais além do materialismo e do espiritualismo. Em suma, Merleau-Ponty quer permanecer materialista sem sê-lo. A teoria das ordens desenvolvida em *A estrutura do comportamento* lhe fornece os princípios dessa ultrapassagem. Assim como as condutas simbólicas conservam seus vínculos corporais, afetivos, motores, o corpo humano, como matéria, está sempre contido num universo de cultura e de significação, habitado pelo espírito.

O marxismo afirma duas lógicas dificilmente conciliáveis: uma de necessidade ou de inteligibilidade (nada acontece por acaso), e que corresponde mais à história como conhecimento; e outra de liberdade, de contingência, que exige a ação e a consciência e corresponde mais à história como realidade.

Se é possível que história racional e história empírica não coincidam, o que se deve pensar então? E se essa distorção não é mais apenas uma possibilidade, mas se tornou uma realidade e uma realidade incontornável, se "a história efetiva" pode ser uma série de "manobras de despistamento"[21], por que conservar o princípio geral de explicação pela luta de classes? "Não há mais sentido em tratar a luta de classes como um fato essencial se

---

[19] *Ibidem*, p. 212.
[20] *Ibidem*, p. 231.
[21] *Ibidem*, p. 213.

não estamos certos de que a história efetiva permanece fiel à sua 'essência', e de que acidentes não fazem sua trama por um longo tempo ou para sempre"[22].

Trata-se aqui de uma "dificuldade central do marxismo"[23], ligada à disjunção do real e do racional, da doutrina e do empírico, da verdade e da ação. A teoria havia previsto uma revolução proletária para além das nações e após o desenvolvimento do capitalismo industrial, resultante da exasperação de suas contradições internas. A realidade foi completamente outra. A revolução só se produziu em um país, a União Soviética; este ainda não era industrializado e, por fim, teve de renunciar a exportar a revolução. Merleau-Ponty é obrigado a constatar esse divórcio da verdade e da ação, da teoria e da prática, e de reconhecer que, com ele, perdidas as referências da doutrina, entra-se "na política de astúcia"[24]. E é o que o obriga a criticar o próprio Marx[25], isto é, a teoria do proletariado como "equivalente positivo da negatividade"[26].

Sendo assim, se a crítica marxista recai sobre o próprio marxismo, a conclusão é política. A crítica marxista à mistificação liberal é justa, mas não pode mais valer como crítica ao próprio capitalismo. Portanto, é no seio do capitalismo que devemos encontrar os recursos de uma crítica ao capitalismo; é no seio do liberalismo que devemos encontrar os meios de uma crítica à mistificação liberal[27].

MERLEAU-PONTY E SARTRE

Ao sair da guerra, muitos foram os homens e as mulheres que, nos escombros do fascismo, do nazismo e do liberalismo, tiveram necessidade de uma esperança. Merleau-Ponty se volta para o marxismo — muito embora o interprete de maneira heterodoxa. Os anos que vão seguir serão uma longa e cruel decepção, com o

---

[22] *Ibidem.*
[23] *Ibidem*, p. 217.
[24] *Ibidem.*
[25] *Ibidem*, p. 136.
[26] *Ibidem*, p. 134.
[27] *Ibidem*, p. 264.

abandono progressivo dessa esperança. O caminho foi — basta julgá-lo pela ruptura com Sartre, pelos ataques dos stalinistas ou a incompreensão e o silêncio de que sua obra ainda hoje é objeto — ao mesmo tempo lento, difícil e doloroso.

Num texto de julho de 1948, intitulado "A política paranoica", Merleau-Ponty retoma a ideia de que a União Soviética, considerando o que se fica sabendo progressivamente do que se passa lá — trabalhos forçados, autonomia da polícia, sistema concentracionário —, não está do lado do socialismo. Mas as fórmulas, interrogativas, ainda são brandas ou prudentes: "torna-se cada vez mais difícil perceber", "acabamos por nos perguntar"... O temor, que justifica essa prudência, é que tais reservas possam beneficiar o "RPF"[28] ou "o americanismo"[29]. Como reconhecer os limites do sistema soviético conservando ao mesmo tempo a ideia e os valores comunistas, mantendo uma solidariedade de fato com os comunistas e sem fazer o jogo dos anticomunistas e dos reacionários? Essa tensão estará presente em todos os seus textos desse período até a invasão húngara, em 1956.

Se há que ir além das reservas ou das interrogações, nem por isso se trata de voltar "atrás" do marxismo — crítica que Merleau-Ponty dirige à "liga das esperanças frustradas", Koestler, Malraux, Maulnier: "eles voltaram atrás, não tentaram, apesar de tudo, traçar um caminho para o humanismo de todos os homens, consentiram, cada um à sua maneira, o caos, bateram em retirada. Furtaram-se à tarefa de traçar o programa mínimo de que falava Trotski"[30]. Qual é esse programa mínimo?

Se a União Soviética é uma nova sociedade de exploração, isso põe em causa o programa socialista da derrocada do capitalismo pelo desenvolvimento de suas contradições e o posterior definhamento do Estado. Resta então, colocada por Trotski, a questão de um "novo programa mínimo"[31]. Essa ideia de um

---

28 Rassemblement pour la France (União pela França), partido político fundado por Charles de Gaulle. [N.T.]

29 *Idem, Signes, op. cit.*, p. 237.

30 *Ibidem*, p. 327.

31 *Ibidem*, p. 326.

programa mínimo irá, curiosamente, desembocar no projeto de um novo liberalismo.

O grande artigo sobre "A União Soviética e os campos de concentração", escrito por Merleau-Ponty, mas assinado conjuntamente com Sartre, vai exprimir exatamente essa posição. Embora Merleau-Ponty faça aí uma mudança de apreciação sobre o regime e coloque uma série de interrogações novas, a proteção dos mestres permanece: "Em Lênin, em Trotski e com mais forte razão em Marx, não há nenhuma palavra que não seja sadia, que não sirva para fazer compreender o que se passa entre nós"[32].

A primeira linha de defesa é a que consiste em recusar a assimilação do comunismo ao fascismo e ao nazismo: "jamais um nazista se embaraçou com ideias tais como: reconhecimento do homem pelo homem, internacionalismo, sociedade sem classes [...]. Isso significa que nada temos em comum com um nazista e que temos os mesmos valores que um comunista"[33].

Após terem salvo os grandes autores, após terem salvo os valores e a ideia comunista, Merleau-Ponty e Sartre querem salvar o próprio movimento comunista: "encontramos comunistas que são, sempre em maior número, homens como nós, e um movimento comunista que é sadio"[34], dizem eles à medida que se afastam, tomam suas distâncias da União Soviética. Os comunistas na China, na Martinica, vêm salvar a União Soviética:

> *Qualquer que seja a natureza da presente sociedade soviética, a URSS se acha grosso modo situada, no equilíbrio das forças, do lado das que lutam contra as formas de exploração por nós conhecidas. A decadência do comunismo russo não faz com que a luta de classes seja um mito, que a "livre empresa" seja possível ou desejável, nem, em geral, que a crítica marxista tenha caducado. Donde concluímos que não cabe mostrar indulgência com o comunismo, mas que não se pode de maneira alguma pactuar com seus adversários. A única crítica sadia, portanto, é a que visa, na URSS e fora da URSS, à exploração e à opressão, e toda*

---

[32] *Ibidem*, p. 333.
[33] *Ibidem*, p. 337.
[34] *Ibidem*.

política que se define contra a Rússia e incide sobre ela a crítica é uma absolvição dada ao mundo capitalista[35].

Autores sadios, um movimento sadio, uma crítica sadia... Esse vocabulário traduz um mal-estar. O que significa esse "*grosso modo*", essa absolvição à China, essas "formas de exploração por nós conhecidas", no momento em que se descobre a amplitude dos trabalhos forçados, suas modalidades, a realidade do universo concentracionário? Significa muito exatamente que o reconhecimento do sistema concentracionário soviético, do divórcio entre a ideia comunista e a União Soviética, não deve absolver o capitalismo nem mesmo o liberalismo e não deve conduzir a fazer da União Soviética o inimigo número um, porque isso equivaleria a renunciar, "a desculpar o mundo não soviético"[36]: "Marx fez bem ao reprovar o pensamento liberal como uma fraude contábil, os artifícios pelos quais ele coloca fora de balanço o desemprego, o trabalho colonial, a desigualdade racial..."[37].

Encontra-se aqui a justaposição de um sofisma teórico e de uma equivalência prática insustentável. Em que sentido a condenação sem apelação do regime concentracionário soviético equivaleria a uma renúncia da crítica ao capitalismo? Mas, sobretudo, em que sentido fazer uma equivalência entre esse sistema e o desemprego, a desigualdade racial, o colonialismo? Se uma crítica radical ao sistema soviético não deve equivaler a uma recusa da crítica ao colonialismo, ao racismo, à exploração, pode-se aceitar. Mas, se conduz a uma equivalência, então há um problema.

Essa é a divergência que vai opor Sartre e Merleau-Ponty a David Rousset. Este pensa que é preciso recusar comparar de maneira equivalente União Soviética, Espanha e Grécia, e concentrar a luta contra a União Soviética. Merleau-Ponty e Sartre recusam separar as diferentes lutas contra a opressão e estabelecer entre elas uma ordem de prioridade. Pode-se condenar os campos de concentração na União Soviética, mas com a condição de condenar ao mesmo tempo o colonialismo, o racismo, "os

---

35 *Ibidem*, p. 338.
36 *Ibidem*, p. 339.
37 *Ibidem*.

governos espanhol ou grego, a administração colonial da Inglaterra e da França"[38], e com o mesmo vigor.

DITADURA DO PROLETARIADO E ESQUERDA NÃO COMUNISTA

Merleau-Ponty quer conduzir a crítica ao sistema comunista e à União Soviética não em nome do capitalismo, não para servir este último, mas em nome dos valores comuns que ele compartilha com os comunistas em nome da ideia comunista.

Donde esta inacreditável análise feita em "O futuro da revolução", em agosto de 1955. Ela afirma que: "o essencial da política revolucionária está na relação do proletariado e do Partido"[39]. Ela se baseia "nos dois princípios de que o partido tem sempre razão em última instância, e de que, em última análise, nunca se tem razão contra o proletariado"[40]. Se quisermos compreender onde está a revolução, é a partir dessa "mediação" entre o proletariado e o Partido que se deve conduzir a análise.

Merleau-Ponty vai se dedicar a isso a partir de um trabalho inédito de Benno Sarel[41] sobre a evolução da Alemanha Oriental desde 1945, que descreve "uma história oficiosa do regime em relação à qual o Partido aparece mais como uma instância de controle exterior"[42]. Voltamos ao entremeio: nem "regime de exploração" do proletariado, como quer a "polêmica anticomunista"[43], nem "regime proletário", como quer a teoria[44].

O proletariado não é explorado, porque há supressão da propriedade privada e porque a exploração produtiva do proletariado é, em última instância, o que caracteriza esta última. Tudo o que o Partido "faz para circunscrever o proletariado se converte em

---

[38] *Ibidem*, p. 341.
[39] *Ibidem*, p. 350.
[40] *Ibidem*, pp. 350-351.
[41] "Classe operária e novas relações de produção nas empresas propriedades do povo da RDA (segundo as fontes oficiais)".
[42] *Ibidem*, p. 351.
[43] *Ibidem*, p. 358.
[44] *Ibidem*, p. 362.

meios para o proletariado fazer pressão sobre ele"[45]. Mas nem por isso um regime proletário se instalou, precisamente porque a dialética do proletariado e do partido prossegue num modo conflitante e porque a mediação, portanto, não funcionou. Os dois princípios não se conjugam, eles alternam repouso e tensão, momentos de autoridade e disciplina do Partido sobre o proletariado por todos os meios, e momentos de retomada do proletariado sobre o Partido. O regime, "no que tem de melhor, é a vontade de fazer por força uma mediação que não aconteceu. Nisso certamente ele é uma novidade. Mas não a revolução teorizada pelo marxismo, a produção livre de seus antagonismos..."[46].

As conclusões a que chega Merleau-Ponty contrastam com suas posições anteriores e dão corpo à ideia de esquerda não comunista ou de programa mínimo no sentido de Trotski. As consequências que ele tira dessa análise dos fatos expostos por Benno Sarel são que, através desses soluços da história, dessas lutas novas, dessa mediação falhada, continua sendo possível um "futuro proletário"[47]. Tal posição é também a de Benno Sarel. E era até então a de Merleau-Ponty. Mas não é mais.

Daí por diante coloca-se a questão de saber se o fracasso da mediação não é somente um fracasso de fato, mas também de direito, se o "descarrilamento da história" não põe em causa a própria teoria: "Por que a revolução proletária se extingue em democracias populares? Como colocar a revolução proletária em seu futuro quando ela está em seu passado?"[48].

Cabe, assim, perguntar se "a sociedade proletária, em que proletariado e Partido são uma coisa só", não procede de "fantasmas"[49]. De outro ponto de vista, o abandono da ditadura do proletariado, inclusive pela política de *détente* soviética, que parece admitir que esta se limita a uma área geográfica, reconhecendo, portanto, "para o resto do mundo, outras formas de luta social, o convite a defini-las ou a inventá-las sem tomar

---

[45] *Ibidem*, p. 359.
[46] *Ibidem*, p. 363.
[47] *Ibidem*, p. 364.
[48] *Ibidem*, pp. 364-365.
[49] *Ibidem*, p. 364.

por modelo as democracias populares", leva a afirmar "que a esquerda não é uma palavra oca"[50]. A esquerda não marxista deve não só emergir de uma crítica de esquerda ao comunismo, mas pode se apoiar na evolução do próprio comunismo.

Sem se render à crítica contrarrevolucionária, sem absolver o capitalismo, Merleau-Ponty consuma a falência do sistema comunista, e desse dispositivo central em seu seio que é a ditadura do proletariado, por uma crítica conduzida segundo as exigências mesmas da ideia comunista e da dialética revolucionária. Com isso, trata-se de operar, para refundar a esquerda, um duplo movimento: devolver às "reivindicações" dos proletários e, de maneira mais ampla, dos explorados, "sua virulência imediata"; inventar as "novas técnicas" que lhes permitirão encontrar satisfação por eles mesmos[51]. É esse programa de trabalho que ele tentará conduzir na conjunção do novo liberalismo e do socialismo.

Em novembro de 1956, ou seja, três meses mais tarde, o tom muda ainda mais. Nesse meio-tempo, houve Budapeste. Um poder comunista viu seu proletariado inteiro erguer-se contra ele e o esmagou por meios militares. Isso quer dizer que não há mais comunismo[52].

Se alguns podem acreditar na desestalinização operada pelo XX Congresso, eles estão enganados. Ao conservar o culto da personalidade, ao inverter apenas o julgamento feito sobre essa personalidade, ela continua sendo "uma maneira stalinista de criticar Stalin". Ao se concentrar numa pessoa, são deixados fora de causa "os princípios e o sistema"[53]. O que cabe fazer é levar a desestalinização até o fim, isto é, sem poupar o próprio Partido Socialista, sempre ornado com os atributos da retórica marxista. Uma tarefa parece então indicada para a esquerda não comunista: a de inventar os mecanismos capazes de submeter a economia de mercado ao interesse público[54].

---

[50] *Ibidem*, p. 365.
[51] *Ibidem*, p. 366.
[52] *Ibidem*.
[53] *Ibidem*, p. 374.
[54] *Ibidem*, p. 385.

METAFÍSICA DO MENDESISMO

Em 1956, aparece nas Éditions Sociales um livro coletivo intitulado *Mésaventures de l'anti-marxiste: les malheurs de M. Merleau-Ponty* [Desventuras do antimarxista: os infortúnios do M. Merleau-Ponty]. Trata-se da publicação de um debate organizado no sindicato Mutualité pelo PCF (Partido Comunista Francês), em 29 de novembro de 1955, em resposta à obra *As aventuras da dialética*. Esse livro é composto de um longo estudo de Roger Garaudy e de intervenções mais curtas de Henri Lefebvre, Jean-Toussaint Desanti, Maurice Caveing, Jean Kanapa e Victor Leduc. O debate em questão fora presidido por Georges Cogniot. O PCF convocou, como se vê, seus melhores espíritos. É que o caso era sério, certamente. De fato, o livro de Merleau-Ponty foi compreendido como uma tentativa "de dar à recusa do comunismo um fundamento doutrinal"[55], chegando ao ponto de invocar uma esquerda "sem os comunistas"[56]. Por trás de Merleau-Ponty, é o jornal *L'Express*, é Pierre Mendès France[57], é um "reformismo neocapitalista"[58] que são visados.

Segundo a argumentação desenvolvida por Roger Garaudy, Merleau-Ponty, como todos os revisionistas, começa primeiro por fabricar um marxismo imaginário. No caso, ele substitui, graças a Max Weber, a dialética pelo relativismo; graças a Husserl, o materialismo pelo idealismo; e faz garantir o conjunto por Lukács. O que Garaudy contesta é que a introdução da subjetividade na história conduz a uma teoria da liberdade em política que pode justificar qualquer escolha. Isso leva diretamente ao irracionalismo, ao pragmatismo, ao cinismo, a uma "doutrina da genuflexão"[59]. Tanto Max Weber como Merleau-Ponty defendem "uma teoria espiritualista do capitalismo"[60].

"O Sr. Merleau-Ponty [...] tenta escapar da dialética pelo relativismo weberiano para fundar uma política aventureira da escolha

---

[55] R. Garaudy e G. Cogniot, *Mésaventures de l'anti-marxiste: les malheurs de M. Merleau-Ponty*, Paris: Éditions Sociales, 1956, p. 5.

[56] *Ibidem*, p. 5.

[57] Primeiro-ministro da França no período que se estende de junho de 1954 a fevereiro de 1955. [N.T.]

[58] *Ibidem*, p. 9.

[59] *Ibidem*, p. 12.

[60] *Ibidem*, p. 13.

arbitrária, batizada de 'escolha vital', a que o Sr. Mendès France definia ao dizer: 'Governar é escolher'"[61]. E Garaudy prossegue: é uma política que, negando as leis objetivas de evolução e definhamento do capitalismo, reserva-se a possibilidade de "reanimá-lo". Trata-se, portanto, de uma política conservadora.

Ao fazer isso, ao atacar a "dialética objetiva de desenvolvimento", Merleau-Ponty se posiciona como um ideólogo "da burguesia"[62]. "O Sr. Merleau-Ponty nos revela, enfim, seu duplo objetivo: dar um fundamento filosófico ao anticomunismo e escorar a metafísica do mendesismo"[63].

A dureza do ataque contra Merleau-Ponty visa muito diretamente a personalidade de Mendès France e a ideia de uma política de esquerda que não seja uma política comunista. Uma política não comunista é necessariamente, ainda que de forma hipócrita, uma política de direita. Prossegue Garaudy:

> Uma nova direita camuflada, tal é o sentido profundo do empreendimento do Sr. Mendès France, de L'Express e do Sr. Merleau-Ponty, que é seu mais belo florão.
>
> Do ponto de vista político, o livro do Sr. Merleau-Ponty não tem outro efeito senão dar uma boa consciência a todos os beneficiários da desordem estabelecida.
>
> Tratava-se de encontrar para o anticomunismo motivações que não fossem abertamente sórdidas. É sempre incômodo dizer: sou anticomunista porque tenho inquietações com minha conta bancária; é mais confortável dizer, após a leitura do livro do Sr. Merleau-Ponty: sou anticomunista para defender a liberdade do sujeito contra a dialética da natureza. E me alio ao Sr. Mendès France, para quem a ação política não se funda na objetividade das leis históricas, mas para quem governar é escolher. E, naturalmente, escolher contra os comunistas [64].

---

61 *Ibidem*, p. 17.
62 *Ibidem*, p. 30.
63 *Ibidem*, p. 81.
64 *Ibidem*, pp. 95-96.

O que é preciso afastar, para os comunistas, é a possibilidade de que exista uma esquerda não comunista, e de que esta, lavada das sujeiras do stalinismo, desembaraçada das sombras dos processos de Moscou, do Gulag, de Budapeste, possa propor outro caminho para a classe operária, no interior das instituições democráticas, pela reforma e não pela revolução, não na luta com as outras classes, mas em uma possível aliança com elas. O perigo é o retorno de um socialismo não marxista, fundamento de uma esquerda não comunista. Sendo assim, os filósofos comunistas operam um deslocamento que parece insignificante e que, no entanto, muda tudo. A esquerda de Mendès France e de Merleau-Ponty não é apenas, segundo eles, uma esquerda não comunista: é uma esquerda anticomunista.

O adversário, assim desmascarado, é mais fácil de vencer. É o que justifica o título da intervenção de Victor Leduc: "Não há esquerda anticomunista"[65]. Victor Leduc fala por Merleau-Ponty, em seu lugar, e o faz dizer outra coisa, diferente do que ele sempre afirmou: ele não quer aliança com o PCF[66].

Quer Merleau-Ponty queira ou não, a ruptura está consumada. Os comunistas recusam toda crítica à União Soviética e ao marxismo que possa ser conduzida em nome da ideia comunista ou da ideia socialista. A esquerda é comunista ou não é esquerda.

A FAVOR DA VERDADE

Política e filosofia estão intimamente ligadas. Mas não pode se tratar nem de uma supressão da filosofia por sua colocação em prática e pela transformação do mundo, como Marx pôde desejá-lo, nem de uma filosofia que pretendesse julgar, desde sua compreensão acabada da história ou sua compreensão moral do justo e do bem, os acontecimentos que se sucedem. Confrontado à política real, o filósofo constata a dificuldade de uma lógica que não é a mesma que a da reflexão, de uma racionalidade que não corresponde aos usos habituais da razão. De que maneira, diante dessa dificuldade, o filósofo deve responder?

---

[65] *Ibidem*, p. 133.
[66] *Ibidem*, p. 140.

As ilusões da consciência moral, por generosas que pretendam ser, são, em realidade, incapazes de nos fazer compreender o ambiente da história e do político, sua natureza contingente e trágica; não podem tampouco nos fazer traçar um caminho nelas. As belas intenções, por seu irrealismo e sua impotência, são cúmplices das opressões e dos apocalipses. São elas que são cínicas. Inversamente, o realismo dos políticos, suas mentiras, suas habilidades, também não são satisfatórios aos olhos do filósofo porque renunciam aos valores e à verdade. Frente a essa constatação, Merleau-Ponty, como vimos, se interroga: "Só temos então a escolha de ser cínicos ou aproveitadores?"[67].

Se o filósofo socrático coloca essa questão, é porque ele não renuncia a uma política que escaparia a esses dois escolhos, a uma política da verdade. Que essa política seja a dos filósofos e não dos políticos profissionais, quem o negará? O que acontece quando, numa cidade, não restam senão os políticos profissionais e quando os filósofos não têm mais o direito de interpelar os poderes?

A questão não é secundária, no momento em que se pode ver que um dos perigos maiores da democracia liberal é que ela se transforme em tirania suave, a do poder tutelar profetizado por Tocqueville, e que assim acabe por minar seus próprios fundamentos por falta de participação cívica e de partilha de um bem comum. Não supõe o político, precisamente, que todos se definam como cidadãos e cidadãs, que sejam, portanto, igualmente animais políticos? Mas então se poderia legitimamente considerar que a própria ideia de haver homens ou mulheres políticos é absurda, uma vez que todos os homens e todas as mulheres, sem distinção, são políticos, e que sua tarefa deve ser se preocupar, deliberar e participar do bem comum e do bem público.

O julgamento de Merleau-Ponty sobre os partidos políticos é sem complacência. Enquanto a política deve se construir sobre a busca e a partilha da verdade, os partidos praticam uma política da mentira: "nenhum partido na França pensa sua ação, não diz abertamente o que ele é e o que faz. Cada um tem seu jogo duplo"[68]. Os partidos conseguem ser ao mesmo tempo cínicos e

---

[67] Maurice Merleau-Ponty, *Sens et non-sens, op. cit.*, p. 273.
[68] *Ibidem*.

aproveitadores, moralizadores e oportunistas. A crítica é extremamente severa em relação ao Partido Comunista, em primeiro lugar, mas isso não deve nos surpreender. O mais surpreendente, e também mais original, é que ela visa também o Partido Socialista e não poupa sequer Léon Blum. Durante a Frente Popular, Blum buscou manter juntas a reforma e a revolução, a melhoria, no quadro da sociedade capitalista, da situação dos trabalhadores, e a ideia de uma outra sociedade: "Entre as premissas marxistas e a conclusão reformista, a contradição é flagrante"[69]. Blum e os socialistas, portanto, sustentaram uma dupla linguagem que revelava a ambiguidade das reformas de 1936: "elas eram apresentadas aos chefes de empresas como uma segurança contra a revolução; às massas, como um começo de revolução"[70].

Criticando o direito liberal, mostrando-se sem complacência em relação à Igreja, polemizando cada vez mais severamente com os comunistas, zangado em seguida com Sartre, não mantendo mais nenhuma ligação de conivência com os socialistas da SFIO, Merleau-Ponty pratica claramente uma filosofia que interpela todos os poderes e questiona todas as legitimidades. Seu único engajamento, mas fortemente político, é um engajamento em favor da verdade. Daí por diante, ele deve assumi-lo enquanto tal. Para definir essa filosofia, o marxismo também será submetido à prova.

O marxismo se quis verdadeiro num sentido que não é idêntico ao de uma filosofia. Esse é o ponto principal da 11ª tese sobre Feuerbach. Não se trata mais de interpretar o mundo, mas de transformá-lo. É sobre essa "pretensão de não ser uma filosofia" que o marxismo deve ser interrogado[71]. Por ser uma "certa filosofia" que propõe "uma operação de destruição-realização do pensamento que o torna supérfluo como instância independente", uma das questões do confronto com o marxismo é, precisamente, recusar essa operação, portanto refazer uma ligação entre filosofia e política que não seja de coincidência ou de esmagamento. O que significa que, se uma verdade do marxismo permanece, "ele

---

[69] *Ibidem*, p. 278.
[70] *Ibidem*, p. 279.
[71] *Ibidem*, pp. 14-15.

certamente não é mais verdadeiro no sentido em que se acreditava verdadeiro"[72].

É preciso, pois, encontrar um caminho entre os que veem o marxismo como uma verdade intangível que permite conhecer as leis da história e governar o mundo cientificamente segundo a justiça e os que consideram que o marxismo está condenado pelos erros da sociedade comunista ou pela fragilidade de seus próprios princípios. O que está em jogo aqui, a propósito do marxismo, é uma certa teoria da verdade, mas de uma verdade que possa se abrir à história e ter uma influência sobre ela.

O marxismo talvez não seja verdadeiro no sentido em que se quer verdadeiro e segundo seus critérios de verdade, mas afinal o platonismo, o cartesianismo ou a filosofia de Hegel tampouco o são do ponto de vista de seus próprios critérios. Isso não os impede de continuar a alimentar e a formar nossas capacidades de pensar. Merleau-Ponty confere a Marx o estatuto de "clássico": o marxismo é "um imenso campo de história e de pensamento sedimentados, nos quais nos exercitamos e aprendemos a pensar"[73]. Os que não querem se exercitar a pensar no confronto com o marxismo, ou porque fazem dele um catecismo que o desnatura ou porque não avaliam a força de sua capacidade crítica, recusam fazer filosofia e colocar as questões de seu tempo. Do mesmo modo, não alcançam a relação justa da filosofia e da política, aquela "ação a distância" pela qual, ao exercer sua tarefa de filósofo na cidade, ao manter no centro desta a exigência da verdade, o filósofo pode prosseguir seu debate sem fim sobre a vida melhor, o bem comum, a organização da vida para muitos e a legitimidade dos poderes.

---

[72] *Ibidem*.
[73] *Ibidem*, p. 18.

Entre amizade, violência e verdade

Assim ele colocou à história a verdadeira questão filosófica: o que é um desvio? O que é uma deriva? Começamos com temporal e vento contrário, perseveramos estoicamente, envelhecemos na desgraça; eis agora o resultado.
O que resta dos fins antigos? O que foi que desapareceu? Uma sociedade nova nasceu ao longo do caminho, modelada pela empresa, desviada por seu desvio: o que pode ela aceitar? O que deve recusar com o risco de se desmantelar? E, seja qual for a herança, quem dirá se seguimos o caminho mais curto ou se devemos atribuir os meandros às insuficiências de todos?
JEAN-PAUL SARTRE

Quando afirmamos que nosso tempo tem acesso a si mesmo a partir da elisão do político, dizemos ao mesmo tempo que essa elisão tem por característica abandonar filosofia e política à sua miséria, a de uma separação ruim. O que significa não haver mais filosofia política? E o que seria, em realidade, uma política filosófica? Se o político se caracterizou por certa relação do político e do filosófico estabelecida na Antiguidade grega, qual pode ser essa relação hoje? Essa é a questão que serve de fio condutor ao diálogo entre Sartre e Merleau-Ponty.

"NA CABEÇA E NÃO NO CORAÇÃO"
A ruptura entre Sartre e Merleau-Ponty vai se consumar antes da publicação de *As aventuras da dialética*[1]. A briga ocorre a propósito de um texto de Sartre sobre "Os comunistas e a paz", publicado em 1952, após a prisão de Jacques Duclos e o fracasso da greve organizada pelo PCF nessa ocasião.

---

[1] As cartas de Merleau-Ponty foram publicadas no *Magazine Littéraire*, n. 320, abril de 1994, apresentadas por M. François Ewald. Elas datam de julho de 1953 e são retomadas em *Parcours II*, *op. cit*, pp. 129 ss.

A ideia de Sartre é que se deve sempre apoiar o PCF quando ele é atacado, portanto deve-se escolher seu lado. Merleau-Ponty quer exprimir uma posição diferente na revista. Sartre lhe recusa. A partir desse dia, Merleau-Ponty não mais escreverá em *Les Temps modernes*. Essa desavença não é só política ou de amizade, ela tem a ver, mais essencialmente, com as relações entre filosofia e política.

Sartre começa por fazer como se não compreendesse a discordância que Merleau-Ponty lhe manifestou por uma carta pessoal, como se este tivesse decidido retirar-se da política para se consagrar à filosofia. Em outras palavras, estar em desacordo com Sartre sobre o curso dos acontecimentos, a apreciação e a ação política que convém tirar disso, é, para Sartre, sair da política. Faz-se política com Sartre, faz-se política como Sartre ou então não se faz política.

Sartre preconiza uma política provisória como há em Descartes, frente às urgências da vida, uma moral provisória. Quanto a Merleau-Ponty, ele recusa escolher porque recusa tomar uma decisão a partir de uma ignorância, julgar o destino dos homens segundo uma aposta semelhante à de Pascal. É uma divergência política, mas também filosófica.

Sartre considera então que a filosofia invocada por Merleau-Ponty como pretexto para não escolher é somente um "álibi". Ampliando e deslocando o debate, ele se aproveita disso para fazer uma crítica, aliás de grande severidade, à aula inaugural de Merleau-Ponty no Collège de France. Censura-lhe ter destacado, nessa aula, uma "pseudoessência filosófica" que não é senão "uma extrapolação de [sua] própria psicologia e sua projeção no domínio dos valores e dos princípios"[2]. Essa crítica é tanto mais violenta e ofensiva na medida em que vê a atitude descrita por Merleau-Ponty como ilusória, aquela de uma "presença sonhadora".

Sartre recusa a Merleau-Ponty o direito de julgar sua posição política em nome da filosofia, "da *epoché* [suspensão de julgamento] filosófica"[3], pois esta é apenas sua psicologia hipostasiada. Se Merleau-Ponty quer criticar Sartre, deve fazê-lo no terreno político com argumentos políticos, adotando uma posição política.

---

2 *Ibidem*, p. 137.
3 *Ibidem*.

Sartre contesta a Merleau-Ponty "o direito de jogar dos dois lados para não perder"[4].

O que Sartre recusa a Merleau-Ponty é o direito de ter uma opinião política diferente da sua, porque ele teria, a partir de 1950, "se retirado da política para fazer filosofia"[5]. Entre filosofia e política, é preciso escolher. Em todo caso, não se deve querer ganhar nos dois lados ao mesmo tempo. Ora, é precisamente essa escolha que Merleau-Ponty contesta. Ele sempre fez filosofia, inclusive não fez jamais outra coisa. E ele não decidiu, em 1950, retirar-se da política. Sempre fez filosofia e política sem pensar sequer que se deva ou que se possa escolher entre as duas.

O que é novo é uma outra escolha, perfeitamente assumida: "Decidi, desde a guerra da Coreia, e é algo bem diferente, não mais escrever sobre os acontecimentos à medida que eles se apresentam"[6]. Portanto, não é uma escolha entre filosofia e política, é uma escolha quanto à maneira de conjugá-las. Tal é o debate que Sartre procura, em realidade, evitar.

Todo o texto de Merleau-Ponty merece então ser citado:

> *O engajamento em cada acontecimento tomado à parte se torna, em período de tensão, um sistema de "má-fé" [...]. Há acontecimentos que permitem, ou melhor, exigem que os julguemos imediatamente e neles mesmos: por exemplo, a condenação e a execução dos Rosenberg [...] mas na maior parte das vezes o acontecimento só pode ser apreciado no conjunto de uma política que muda seu sentido, e haveria artifício e astúcia em provocar o julgamento sobre cada ponto de uma política, em vez de considerá-la em sua continuidade e em sua relação com a de seu adversário: isso faria engolir no varejo o que não seria aceito por atacado, ou, ao contrário, tornaria odioso, a golpes de pequenos fatos verdadeiros, aquilo que, visto em conjunto, está na lógica da luta. Nós admitimos, você e eu, que essa é a astúcia inadmissível do anticomunismo, e também a astúcia da política comunista*[7].

---

4 *Ibidem*, p. 139.
5 *Ibidem*, p. 143.
6 *Ibidem*, p. 145.
7 *Ibidem*, p. 146.

Sartre faz como se, a partir de 1950, Merleau-Ponty tivesse mudado. A realidade, segundo este último, é o inverso. Sartre não permanece fiel, por sua agitação política, por sua adesão comunista, à linha comum que era a de ambos quando fundaram juntos *Les Temps modernes*.

Em surdina, ele critica a atitude de Sartre, sua maneira de fazer política: "Eis por que sugeri várias vezes que na revista houvesse, em vez de tomadas de posição apressadas, estudos de conjunto; em suma, que se visasse o leitor na cabeça e não no coração"[8].

POLÍTICA DA FILOSOFIA: A UNIÃO SOVIÉTICA E OS ESTADOS UNIDOS

Merleau-Ponty recusa, em nome da política, mas também da filosofia, a escolha que Sartre propõe entre política e filosofia. Trata-se de não se deixar encerrar e subestimar como filósofo um homem com a "presença sonhadora", cujos escritos decorreriam apenas de uma decisão subjetiva. A atitude de Merleau-Ponty, se é mais filosófica, é também mais política: "Esse método está mais próximo da política do que o teu método do engajamento continuado (no sentido cartesiano). Ora, nisso mesmo ele é mais filosófico, porque a distância que coloca entre o acontecimento e o julgamento que dele se faz desarma a armadilha do acontecimento e deixa ver claramente seu sentido..."[9].

Ao longo dessa primeira explicação, pessoal, epistolar e brutal com Sartre, Merleau-Ponty é levado a afirmar os fundamentos daquilo que será até o fim sua posição concernente às relações da filosofia e do político. Ele enuncia uma política da verdade, da ação a distância, da possibilidade permanentemente oferecida ao filósofo de trair, porque ele escolhe sempre a verdade. Compreender isso supõe mobilizar um conceito novo da verdade e, em realidade, toda uma ontologia.

A desavença está presente desde a origem, mas não cessa de se aprofundar, de manifestar todas as suas consequências, até a ruptura. Contrariamente ao que ocorre na amizade de La Boétie e

---

[8] Idem, *Parcours I*, op. cit., p. 147.
[9] Ibidem, p. 198.

de Montaigne, Sartre e Merleau-Ponty não são unicamente o que são aos olhos de seu amigo, aos seus próprios olhos. Para serem eles mesmos, não devem mais se ver. Isso é lógico na filosofia de Sartre. É doloroso na de Merleau-Ponty.

A diferença política, desde a Guerra da Coreia, é clara aos olhos de Merleau-Ponty. Sartre, por seu lado, pensa que se deve escolher e preferir, entre a União Soviética e os Estados Unidos, o partido menos perigoso. Já Merleau-Ponty recusa essa escolha e considera mesmo que as duas atitudes são, no plano militar e guerreiro, "solidárias"[10]. A aula inaugural já evocava isso: "Os maniqueístas que se chocam na ação se entendem melhor entre si do que com o filósofo: há entre eles cumplicidade, cada um é a razão de ser do outro"[11].

SARTRE KANTIANO E PRÉ-MARXISTA

No artigo "A querela do existencialismo", Merleau-Ponty toma já suas distâncias em relação a Sartre:

> *Não dizemos que esse paradoxo da consciência e da ação seja, em O ser e o nada, inteiramente elucidado. A nosso ver, o livro permanece muito exclusivamente antitético: a antítese de minha visão sobre mim mesmo e da visão de outrem sobre mim, a antítese do para-si e do em-si fazem, com frequência, figura de alternativas, em vez de serem descritas como a ligação viva de um dos termos ao outro e como sua comunicação*[12].

Não é ainda uma crítica, mas já é a expressão de uma reserva que deseja ser desmentida: "Podemos assim esperar, após *O ser e o nada*, uma série de esclarecimentos e de complementos"[13].

Uma vez afirmado o sujeito como liberdade, como nada, é preciso poder mostrar sua "realização no ser que é a ação e que torna

---

10 *Ibidem*, p. 152.
11 *Ibidem*, p. 69.
12 *Idem, Sens et non-sens, op. cit.*, p. 125.
13 *Ibidem*, p. 126.

possível a moral"[14]. Pois se o nada é somente nada, ele tem "necessidade de ser levado ao ser"[15]. A partir do momento em que a liberdade do sujeito ocupa não uma parte, mas toda parte, a questão se coloca: "Dissemos mais acima que *O ser e o nada* nos parece chamar uma continuação e que se espera do autor uma teoria da passividade"[16].

É o que Merleau-Ponty explicitará muito longamente em *As aventuras da dialética*. Sartre não é marxista. Ele sustenta, é verdade, a política comunista, mas o faz a partir de seus próprios princípios. Estes não são apenas diferentes, mas "opostos"[17] aos dos comunistas. Sartre apoiará os comunistas com uma filosofia idealista, kantiana, moral, liberal. Merleau-Ponty irá romper com os comunistas, distanciar-se definitivamente deles, em nome das exigências nascidas da leitura de Marx. Ao fazer isso, ele se distanciará também da atitude que ainda era a sua na época de *Humanismo e terror*.

O que caracteriza a filosofia de Sartre é primeiramente sua teoria da liberdade absoluta, da ruptura entre o em-si e o para-si. Essa filosofia o leva a recusar "toda a produtividade à história", esta podendo ser apenas "o resultado imediato de nossas vontades"[18]. A diferença com os comunistas, mas também com Merleau-Ponty, é que "para Sartre a dialética sempre foi uma ilusão"[19]. Para ele, o comunismo se justifica, contra a filosofia da história e a dialética, a partir da negação delas. O comunismo é um voluntarismo absoluto, ele se define em primeiro lugar, aos olhos de Sartre, como "vontade categórica de fazer existir o que jamais existiu"[20]. Essa concepção do comunismo situa-se aquém da história e da política: "Ela provém da moral"[21]. Por isso é intransigente e pura. Ou se

---

[14] *Ibidem*.

[15] *Ibidem*.

[16] *Ibidem*, p. 133. Essa teoria jamais virá. Como é dito em *As aventuras da dialética*, em Sartre "sou eu que fabrico integralmente minha passividade" (p. 145).

[17] *Idem, Les Aventures de la dialectique, op. cit.*, p. 145.

[18] *Ibidem*.

[19] *Ibidem*, p. 146.

[20] *Ibidem*, p. 147.

[21] *Ibidem*, p. 150. É o que faz, aliás, sua extrema violência, pois há de um lado os bons, de outro os maus, a virtude ou o crime. Sobre esse moralismo, cf. também pp. 215-216.

está com o Partido ou se está contra o Partido. Tal maniqueísmo é recusado por Merleau-Ponty, que quer manter os direitos da crítica, a possibilidade de um chamado "do proletariado como ideia ao proletariado existente"[22]. A política requer uma filosofia da história e uma distância entre o direito e o fato. Ela permite que se exerça um julgamento que não adira nem ao acontecimento nem necessariamente ao poder. A divergência que opõe Merleau-Ponty e Sartre acerca do estatuto do acontecimento não é fortuita. Ela está ligada a toda a filosofia de Sartre. Ao fazer do acontecimento a "prova decisiva de nossas intenções", a "escolha instantânea de todo futuro e de todo nós-mesmos"[23], Sartre é prisioneiro de sua teoria da consciência, da liberdade e do tempo. Ora, essa teoria não pode autorizar nem uma história nem uma política.

Sartre permaneceu kantiano. Contrariamente ao que se pode acreditar, sua filosofia é anterior à guerra. A revolução e o Partido vêm desempenhar para o militante, vontade pura e aquém de todo motivo, o papel da existência de Deus e da imortalidade da alma para o sujeito moral kantiano.

O tema de um kantismo de Sartre testemunha também sua ignorância de Marx, denunciada várias vezes por Merleau-Ponty:

> *A autoridade absoluta do Partido é a pureza do sujeito transcendental incorporado à força no mundo. Esse pensamento kantiano ou cartesiano vê apenas organicismo na ideia de uma unidade não construída. No entanto, Marx não era organicista. Para ele, é claramente o homem que faz a unidade do mundo, mas o homem está espalhado por tudo, inscrito em todos os muros, em todos os aparelhos sociais que fabricou...[24].*

Se há, de um lado, um humanismo da penúria, isto é, uma liberdade sem conteúdo que não pode, ao se engajar, senão decair, inversamente há, com Marx, a possibilidade de um humanismo que, levando em conta o anti-humanismo, pode ser pleno ou concreto, e agir sem se perder.

---

[22] *Ibidem*, p. 152.
[23] *Ibidem*, p. 156.
[24] *Ibidem*, p. 209.

A filosofia de Sartre é uma filosofia da liberdade absoluta, da ação pura, portanto continua sendo "uma filosofia do sujeito"[25]. Mas seu extremo subjetivismo o conduz a um extremo objetivismo, e a liberdade absoluta se converte em necessidade de ferro. É assim que o proletário deve obedecer sem reservas ao Partido, porque é este que, de certo modo, o cria: o Partido "cria integralmente o poder dos sem poderes, empreendimento desmesurado e que não aceita a contestação"[26]. Sartre não conhece a práxis nem a dialética, nem o entremeio do sujeito e do objeto, nem sequer o passado ou o futuro. Tampouco conhece o "provável"[27]. Decisões puras, surgidas no instante, sem motivação nem causa, dão sentido aos fatos, e esse sentido é total.

Sendo assim kantiano e cartesiano ao mesmo tempo, Sartre é um filósofo anterior ao marxismo. A "tomada de consciência" não é, em Marx, um "absoluto" que confere todo o sentido. É "ela mesma um fato", que se dá na situação e na história. Sob esse aspecto admite graus, pode ser "completa ou parcial"[28]. Do mesmo modo que a teoria sartriana da liberdade absoluta é a de uma liberdade impossível, liberdade teológica de um Deus que não teria sequer necessidade de sua criação, a teoria da ação de Sartre não corresponde a nenhuma ação real, porque esta última supõe discussão, argumento, reflexão e supõe admitir que "o provável é um outro nome do real"[29].

Em realidade, a filosofia política de Sartre é uma moral. Ora, quando uma moral quer se fazer passar por política, ela provoca a violência ou porque recusa levar a política em conta ou, como em Sartre, porque a reconhece como fundamento insuperável. A experiência constitutiva dos sujeitos que, por seu olhar, entram numa luta sem escapatória, reaparece no campo político, já que não há em Sartre teoria de um pré-reflexivo, de uma pré-comunicação pela qual se reserve a possibilidade de uma comunicação bem-sucedida, de harmonia e de paz. Não há em Sartre teoria da

---

[25] *Ibidem*, p. 159.
[26] *Ibidem*, p. 162.
[27] *Ibidem*, p. 169.
[28] *Ibidem*, p. 170.
[29] *Ibidem*, p. 171.

dádiva, do desejo, da amizade ou do amor, e sua teoria da responsabilidade busca, antes de tudo, determinar o que ele chama de *salauds* (sujos).

Sartre ignora que, antes do engajamento voluntário, há um "engajamento tácito"[30], ligado à situação, e que as decisões não surgem a partir do arbitrário de uma liberdade que seria um começo absoluto[31]. Toda sedimentação histórica é ignorada. Toda proposição do sentido pela história é desconhecida. Sendo o homem o deus absolutamente criador da história, seu reinado em solidão é acompanhado de uma responsabilidade sem grau. Não há graus entre o herói e o *salaud*: escolhe-se um ou o outro. Ora, a história não estabelece uma contabilidade em duas colunas com "o mérito ou o demérito inteiro"[32], o bem ou o mal. Por isso, "ao recolocar os homens num roteiro de história, poder-se-ia reconhecê-los menos nobres ou menos ignóbeis"[33].

No marxismo mesmo, a revolução não é obra de uma decisão, de uma vontade e de uma ação puras: ela nasce de situações, de reivindicações que, em certo momento, convergem, e essa convergência permite a emergência de uma ação revolucionária[34]. Sartre não pode compreender o que é a revolução porque isso suporia reconhecer, ao lado da ação pura, da liberdade total, do sujeito voluntário, uma "ordem mista" na qual coisas e pessoas, sentido e instituição se misturam[35].

Essa filosofia errônea é terrorismo e violência. Sartre é um bolchevista e mesmo ultrabolchevista. Há em Marx, e no comunismo autêntico, um elemento que preserva da loucura terrorista assim como da loucura de acreditar deter a verdade. É a teoria do proletariado. A ação do Partido pode pretender à verdade, tão logo reconhece o assentimento do proletariado, sua adesão[36]. Como a "certeza de ser portador da verdade é vertiginosa", como

---

30 *Ibidem*, p. 178.

31 Esse tema é retomado nas pp. 278-279: "pois a gente só se engaja para se desfazer do mundo".

32 *Ibidem*, p. 215.

33 *Ibidem*, p. 216.

34 *Ibidem*, p. 179.

35 *Ibidem*, p. 183.

36 *Ibidem*, p. 188.

ela é "por si mesma violência"[37], é-lhe necessário um contrapeso. Ora, esse contrapeso vai desaparecer.

No início, o bolchevista acredita agir em nome da verdade, mas logo "a relação se inverte"[38] e a ação se torna, por si só, verdade. Esse é o momento do terrorismo. É também aquele em que o bolchevismo se junta à filosofia sartriana. A vontade pura faz a ação, impõe todo o sentido, é começo absoluto. Tal violência corresponde, na teoria marxista, à ditadura do proletariado. Em Sartre, trata-se do momento da "verdade pretendida"[39], como Merleau-Ponty a chama.

A dialética implica sua parte de violência e, de certo modo, ela conduz a Stalin. Merleau-Ponty reconhece isso e conclui, portanto, pelo abandono da dialética como revolução, pela escolha necessária entre revolução como verdade e revolução como ação. O extremo objetivismo da dialética junta-se à loucura do extremo subjetivismo sartriano.

Eis por que Merleau-Ponty busca salvar o marxismo de sua deriva bolchevista e ultrabolchevista, da dialética materialista e naturalista, bem como do extremo subjetivismo sartriano. O marxismo, pelo menos o do jovem Marx, mas também o da "Geração de Outubro", não era um terrorismo. E isso pela razão de que se apoiava numa outra filosofia, a filosofia do misto, do provável, da "atividade difícil": "Essas frágeis barreiras defendiam o essencial do marxismo: a ideia de uma verdade que, para ser inteiramente verdade, deve se completar não apenas no pensamento solitário do filósofo que a amadureceu e tudo compreendeu, mas também na relação do chefe que a pensa e a explica com o proletariado que a vive e a adota"[40].

VERDADE E VIOLÊNCIA

Que Sartre esteja associado às derivas stalinistas não é, certamente, o interesse principal deste texto. É antes mostrar-nos os

---

[37] *Ibidem*, p. 190.
[38] *Ibidem*, p. 190.
[39] *Ibidem*, p. 191.
[40] *Ibidem*, p. 193.

efeitos da filosofia na história, e o peso de desastre e de morte que podem acarretar as filosofias errôneas. Materialismo e idealismo não são somente filosofias. São fatos, ações, práticas. Inversamente, já que conduzem à mesma prática quando são, em teoria, duas filosofias absolutamente opostas, não é a natureza do que elas sustentam que conta, é a maneira como o fazem. No caso, elas compartilham uma mesma ideia da verdade, e uma mesma ideia da ligação entre conhecimento e ação, filosofia e política. Portanto, é exatamente essa relação que será preciso repensar, e uma nova teoria da verdade que será preciso elaborar.

A redescoberta do político remete a uma certa modalidade dessa relação e, assim, a uma certa teoria da verdade que nos reconduz ao modelo de Sócrates.

A divergência política com Sartre é primeiramente uma divergência filosófica. Sartre pensa as relações históricas segundo a modalidade das "relações imediatas ou mágicas do olhar"[41]. É o que explica, aliás, a violência que ele põe na base das relações históricas, violência insuperável no final, porque violência postulada como insuperável no princípio. Sartre ignora a história, o político e o social porque conhece apenas olhares, portanto relações entre consciências: "o social não pode entrar em sua filosofia do *cogito* senão por via do *alter ego*"[42]. Sartre é cartesiano, sua filosofia é uma filosofia do *cogito*, "é pela testa que o homem é ligado à história"[43]. A política e a história são abordadas como "dependências ou extensões da vida pessoal", como generalizações do problema de outrem[44].

A concorrência dos olhares que se enfrentam conduz a esse terrorismo. De fato, só pode haver uma consciência ao mesmo tempo, e esta só pode ser de direito divino. É também o que justifica a inacreditável violência dos julgamentos de Sartre contra os que não assumem sua plena liberdade. Enquanto a história, por sua contingência, permite pensar que a consciência pode se enganar de boa-fé, que pode ser "mistificada", para Sartre ela é

---

[41] *Ibidem*, p. 225.
[42] *Ibidem*, p. 226.
[43] *Ibidem*, p. 232.
[44] *Ibidem*, p. 276.

de "má-fé", ela se engana voluntariamente, é viciosa, corrupta: "não há senão canalhas"[45]. O *cogito* explica a violência sartriana[46]. Esta, diz com muita precisão Merleau-Ponty, não é "disposição de espírito": é "filosofia" e, em realidade, é mesmo "ontologia"[47].

VER E FAZER

A divergência com Sartre é também política. Tem por objeto o julgamento, ou melhor, a atitude que convém adotar em relação aos comunistas após a Guerra da Coreia. Merleau-Ponty situa sua discordância com Sartre não na "descrição" que ele faz do comunismo, mas "nas conclusões que tira daí"[48]. Essa divergência é "profunda", pois tem a ver com a interpretação dos fatos: "ela é tão pessoal e tão geral quanto possível, ela é filosófica"[49].

O que está em questão é a natureza da verdade, mas também o próprio ser. A ontologia de *O ser e o nada* impede de pensar a história e o político. O corte entre o em-si e o para-si, tão logo se projeta no campo da história, torna-se uma moral, um terrorismo. Inversamente, se se quiser propor uma política não terrorista, é preciso forjar outra ontologia. É a tarefa com a qual Merleau-Ponty vai se confrontar.

Desse ponto de vista, há uma coerência muito grande na exposição da doutrina de Sartre por Merleau-Ponty. Constatamos uma liberdade cartesiana, puro poder de fazer ou não fazer, que é "um *fiat* mágico", num mundo instantâneo que conhece apenas a ação pura e solitária, violenta, que ignora a história e a política, mas pretende conhecer a verdade. Ela habita um mundo de coisas vistas. De outro lado, temos uma liberdade que é não um ver, mas um fazer, que tem necessidade do tempo, dos outros, que não se conhece inteiramente, que não domina toda a situação, mas que se situa na história e na política. Há, portanto, uma articulação entre duas espécies de liberdade, entre o ver e o fazer, a ação e o

---

45 *Ibidem*, p. 231.
46 *Ibidem*, p. 233.
47 *Ibidem*, p. 239.
48 *Ibidem*, p. 275.
49 *Ibidem*.

engajamento, a verdade e a probabilidade, a história e o instante, a política e a moral.

Estamos, ao mesmo tempo, na visão e na ação, no *ver*, que transforma tudo em espetáculo, e no *fazer*, que admite as perspectivas, e é preciso encontrar o equilíbrio entre os dois.

Sartre limita-se ao *ver*. Merleau-Ponty quer "reencontrar a ação" no *ver*[50], isto é, formular outro *cogito*, outra relação da consciência a si, ao mundo, aos outros, ao tempo: "A questão é saber se, como diz Sartre, há somente homens e coisas ou então também esse intermundo que chamamos de história, simbolismo, verdade por fazer"[51]. Isso supõe romper com a teologia da consciência, com uma consciência que, porque se pretende universal e até mesmo, como vimos, responsável por tudo, é uma consciência que se toma por Deus[52].

Se a consciência não é Deus, se a ação não é pura e se o conhecimento não é total, se o fazer e o ver se misturam, então, para evitar o terrorismo da filosofia sem política ou da política sem filosofia, é preciso organizar uma relação de uma com a outra que administre tanto a ligação como a diferença delas. A troca com Sartre termina nessa questão. Ela é retomada no "Prefácio" de *Signos* e nos leva a restituir o sentido último do político, que reside na sua ligação com a filosofia. Descobrimos assim que o político é socrático por natureza, não apenas porque Sócrates nos mostrou o exemplo de um filósofo engajado na cidade, mas porque ele fez a teoria da ligação entre filosofia e política sem a qual não pode haver política.

A crítica à política marxista supõe ou acarreta a crítica à ontologia sartriana, a da separação, mas também à ontologia marxista, a da coincidência. Em ambos os casos, essa crítica se formula como busca de uma nova relação entre filosofia e política. É preciso manter uma ligação, uma boa separação que seja também uma boa união. Merleau-Ponty dá a formulação disso: "As relações delas são menos simples do que se acreditava: trata-se literalmente de uma 'ação a distância', cada uma exigindo, do fundo de sua diferença, a mistura e a promiscuidade"[53].

---

50 *Ibidem*, p. 290.
51 *Ibidem*, p. 293.
52 *Ibidem*.
53 *Idem, Signos, op. cit.*, p. 20.

Como caracterizar essa "ação a distância"? Ela é a de uma filosofia que, não pretendendo propor uma política justa, racional, definitiva, mesmo assim não renuncia a produzir efeitos políticos, ao envolver-se nas questões da cidade, ao tentar esclarecer, em sua ordem própria, a natureza da história, da ação, do político, da liberdade. Visto que não pode haver coincidência do fato e do direito, visto que há sempre um excesso do sentido sobre o acontecimento, a posição do filósofo como aquele que se inscreve nesse excesso, nessa crítica, nessa não coincidência, revela-se eminentemente política. Eis por que Merleau-Ponty assume a posição que foi a de Sócrates. Conforme ele enunciou em sua aula inaugural, o filósofo é aquele que sempre pode trair, que sempre se reserva o direito de fazer isso[54], não em razão de algum problema de caráter ou de alguma perversão de sua psicologia, mas porque seu engajamento, o único que ele conhece, é um engajamento "na verdade"[55].

A verdade de que se fala aqui não é nem evidência, nem revelação, nem adequação. É uma reserva de sentido, a possibilidade de outros pontos de vista e, portanto, a recusa de toda política positiva escorada num saber, numa revelação ou numa natureza, na ciência, na teologia ou no humanismo de pleno direito. É uma verdade que se busca e não uma verdade que se possui.

---

[54] Idem, *Éloge de la philosophie*, op. cit., p. 69.
[55] *Ibidem*, p. 70.

O momento maquiaveliano: humanismo cívico, "socialismo num outro sentido" e "novo liberalismo"

A história é contingente, a política é trágica, e nada garante nem discórdia final nem concórdia definitiva. O político não é redutível nem à religião, nem à ciência, nem à moral. A história procede também segundo motivações específicas irredutíveis a qualquer outro campo: o econômico, o espiritual, o teológico, o biológico. Tanto uma como a outra são, por princípio, incertas, inacabadas, abertas e convocam modos de racionalidade específicos. Aliás, notar-se-á que ambas designam ao mesmo tempo o objeto a conhecer e o próprio conhecimento: a política como arte de governar e a política como reflexão sobre essa arte, a história como *res gestae* (ações realizadas) e a história como *historiam rerum gestarum* (história das ações realizadas).

A racionalidade comum e específica das duas exige ultrapassar as categorias tradicionais e os dualismos clássicos do sujeito e do objeto, do eu e de outrem, da liberdade e da necessidade, da violência e da paz. Uma racionalidade presumida, um politeísmo metodológico, uma fenomenologia dialética e uma ontologia interrogativa devem permitir construir o conhecimento dessas naturezas. Eis por que o século XX haveria de ser o da crítica da razão histórica, da crítica da razão dialética e da crítica da razão política.

Não se pode, porém, restringir-se apenas a essa tarefa crítica, já que a política é primeiramente uma ação, uma ação que deve ser eficaz. O conhecimento e a ação são inseparáveis. A verdadeira natureza do político não deve ser determinada pondo de lado todo engajamento, como tampouco pode ser definida fora de seu tempo. A situação filosófica que descrevemos, portanto, nos leva a perguntar, em sua vertente prática, o que poderia ser uma esquerda não comunista, aquilo que Merleau-Ponty definiu ao mesmo tempo como um "novo liberalismo" e um "socialismo num outro sentido".

O CONFLITO COMO LUGAR POLÍTICO

Por um paradoxo que talvez não o seja, a determinação do que deve ou do que pode ser uma política para hoje, após o marxismo, o liberalismo e o existencialismo sartriano, nos conduz ao Renascimento e ao humanismo cívico. Maquiavel é o autor útil para se pensar a política de nosso tempo. Chega-se a ele quando se leu o marxismo e a filosofia de Max Weber e quando não se renunciou à crítica que eles fazem ao liberalismo, mas se quer utilizá-los para a própria superação deles.

A reputação de Maquiavel é tão sulfurosa que tomar esse autor por referência pode surpreender. Atualmente — depois dos grandes ensaios de Claude Lefort na França e de John Pocock nos Estados Unidos, da quantidade de estudos sobre Maquiavel vindos de horizontes intelectuais muito diferentes, pensemos em Louis Althusser ou Paul Valadier —, esse procedimento pode parecer ordinário. Mas, na época em que Merleau-Ponty publica sua *Nota sobre Maquiavel*, esse ainda não era o caso[1]. O realismo de Maquiavel é interpretado como um imoralismo político, uma apologia da astúcia, da força, uma visão da política que faz prevalecer sistematicamente os meios sobre os fins e veicula uma antropologia pessimista que não poupa nem o cinismo dos dirigentes nem a covardia dos dominados.

---

[1] *Idem*, "Note sur Machiavel", *in: Signes, op. cit.*, pp. 267 ss. Trata-se de uma conferência pronunciada em setembro de 1949. Claude Lefort, *Le Travail de l'oeuvre: Machiavel*, Paris: Gallimard, 1972; J. G. A. Pocock, *Le Moment machiavélien*, Paris: PUF, 1977; Louis Althusser, *Machiavel et nous*, Paris: Tallandier, 2009; Quentin Skinner, *Machiavel*, Paris: Seuil, 2001; Paul Valadier, *Machiavel et la fragilité du politique*, Paris: Seuil, 1996.

Maquiavel é, ao mesmo tempo, o autor do mal-entendido e o autor da controvérsia. Do mal-entendido porque é considerado o conselheiro do Príncipe, apressado em servir os poderes, filósofo servil que sussurra suas reflexões perversas ao ouvido dos poderosos, quando sua obra se dirigia a um povo republicano e queria fornecer-lhe as armas para sua defesa, o exercício de sua participação e seu controle. Da controvérsia porque, sobre a base desse mal-entendido, dessa desnaturação das intenções e do contexto mesmo da obra, Maquiavel simboliza a política contra a qual é preciso lutar, uma política do poder pelo poder, uma política imoral, a ser combatida em nome do bem, da justiça, da virtude. Em relação a essa visão comum e tradicional, reabilitar Maquiavel equivale a operar uma verdadeira revolução copernicana em filosofia política.

O que faz a força e a atualidade de Maquiavel é que ele situa a política em seu verdadeiro terreno, o da contingência e da violência. Inútil fazer uma política para seres que não existem e segundo uma racionalidade que não tem razão de existir. Mas esse reconhecimento inaugural da violência histórica e política que preside as relações humanas não é, de maneira alguma, uma lição de pessimismo ou a aceitação de um estado de fato como estado de direito. Não é em nada uma resignação. Muito pelo contrário, somente o reconhecimento do fato de que "a vida coletiva é o inferno"[2] autoriza uma esperança. Maquiavel coloca a luta como elemento da coexistência. Mas vai mais longe.

Muitos filósofos reconhecem a dimensão conflituosa da existência social, e não é isso que faz a especificidade do florentino. A originalidade de Maquiavel é propor uma compreensão diferente do próprio conflito. A alternativa não será, como costuma ser, entre a denegação do conflito e a vontade de pôr um termo a ele, seja pelo contrato hobbesiano, pelo contrato republicano de Rousseau ou pela revolução e a sociedade sem classes.

Tal atitude não é, em absoluto, a de Maquiavel. Na verdade, este reconhece o conflito, mas não pretende que se possa resolvê-lo e não busca, de modo algum, ultrapassá-lo. Isso não significa, porém, que faça uma apologia do conflito ou se satisfaça

---

[2] Maurice Merleau-Ponty, *Signes*, op. cit., p. 268.

com a violência como horizonte insuperável da existência, nem que tome o partido da força e da tirania. O que ele faz é buscar a solução lá onde ela deve ser encontrada. Mas "na própria luta ele descobre outra coisa que não o antagonismo"[3].

A experiência da Segunda Guerra Mundial veio demonstrar que a filosofia do homem de pleno direito autoriza o antissemitismo, a desumanização, a destruição. A boa vontade, o pacifismo e o racionalismo nada puderam impedir. Assim, se se quiser alguma eficácia política, é preciso primeiro chegar ao verdadeiro terreno da história, lá onde o mal é real e onde o ódio se exerce, portanto romper com as ilusões kantianas da democracia liberal. Mas a determinação da conflitualidade histórica na antecipação de sua resolução não vale, em realidade, muito mais: ela apenas autoriza, já que possui consigo o sentido último da história, outras violências, todas igualmente terríveis. Em nome do paraíso prometido e da paz perpétua, pode-se cometer e justificar muitos *pogroms*, muitos massacres. Por isso o marxismo, cujo mérito é reconhecer a luta como elemento da história e da coexistência, se extravia quando passa à ideia de uma resolução possível do conflito, à ideia de uma superação dos antagonismos e de um fim da história.

Maquiavel prefigura a crítica à ontologia marxista da coincidência. Não somente há conflito, mas esse conflito é insuperável, ou, se é superável, se uma comunidade pode ser criada e uma situação comum ser construída, não é pela supressão do conflito, mas graças a ele e no interior dele.

Marx permanece num horizonte clássico em que a luta de classes deve ser suprimida na sociedade sem classes. Para Maquiavel, é no interior do conflito que se deve encontrar a possibilidade de uma comunidade democrática, de uma coexistência.

O conflito não é mais o lugar da separação, mas da reunião. Não é mais a expressão de um antagonismo insuperável, mas a expressão e a construção de um vínculo, não mais um divórcio, mas uma obra comum. Esquecer a situação de conflito, a discordância dos pontos de vista, é preparar-se para ser cúmplice das piores violências e da desumanização.

---

[3] *Ibidem*.

Inversamente, preservar sempre a presença do conflito, sua possibilidade, aceitá-lo, não se enganar com sua superação possível, significa não ceder ao pessimismo ou ao cinismo, mas buscar condições de uma humanização de fato, de um humanismo real. Merleau-Ponty discerne em Maquiavel uma dialética do reconhecimento ou da instituição humana, no exercício mesmo da violência: "Mas, por um choque de volta, a dor de que sou causa me dilacera junto com minha vítima". E ainda: "o mal que faço é a mim que o faço, e é contra mim mesmo que luto ao lutar contra outrem"[4].

Ele vai inclusive mais longe nessa dialética que não é a do senhor e do escravo, mas a do carrasco e da vítima, já que afirma que, "quando a vítima se confessa vencida, o homem cruel sente pulsar através dessas palavras outra vida, ele se encontra diante de um outro ele mesmo"[5].

Não se trata, como em Rousseau, de uma bondade natural do homem que se ilustra através da piedade, uma "repugnância inata em ver sofrer seu semelhante". Isso não exprime a experiência histórica. Mas, ao contrário, há na crueldade que os homens manifestam uns em relação aos outros um relâmpago de humanidade.

Contudo, pode-se perguntar em que sentido há aqui um caminho a ser seguido: "Mas onde está, perguntaremos, o benefício para o humanismo?" A resposta de Merleau-Ponty é sem equívoco. "Está, primeiro, em que Maquiavel nos introduz no meio próprio da política e nos permite avaliar a tarefa se quisermos pôr nela alguma verdade"[6]. Trata-se claramente de uma justa ligação entre cidade e verdade, política e filosofia, e é daí que precisamos partir.

O MEIO PRÓPRIO DO POLÍTICO

O meio da política é o da luta, do conflito, da usurpação. Pode-se tentar ultrapassá-lo, com a condição de guardar sempre no espírito que nunca pode ser algo definitivo. Eis por que, assim como Deus ou o homem, a política está sempre em perigo. Mas o simples

---

4 *Ibidem*, p. 268.
5 *Ibidem*.
6 *Ibidem*, p. 270.

fato de saber isso, de não se furtar a isso, indica um caminho: "Ao colocar o conflito e a luta na origem do poder social, Maquiavel não quis dizer que a concordância fosse impossível, ele quis sublinhar a condição de um poder que não seja mistificador, e que é a participação numa situação comum"[7].

Quando se crê na ação providencial de um Deus todo-poderoso, quando se toma por apoio a concepção de um homem naturalmente bom, chega-se à ideia de um poder que encarna esse otimismo político e pode-se então confiar no rei, no Estado ou no guia, encarnações desse poder, dessa sabedoria, dessa bondade. Tal concepção do poder é uma mistificação. Ela nos leva a crer, a reverenciar e a obedecer. Não exige de nós outra ação que a obediência, e imobiliza uma assimetria radical entre quem tem o poder e o exerce e quem obedece. Entre os que têm o poder e os sem poder não há mais nada em comum.

A partir do momento em que não se crê mais nessa mistificação, nenhum poder pode legitimamente encarnar por si só a solução possível e definitiva do conflito, a ordem, a paz, a prosperidade. Em contrapartida, nenhum homem e nenhum cidadão podem justificar assim sua submissão, sua obediência, seu respeito, portanto não podem se desviar da responsabilidade do poder, da cidade, do político. Não há mais verticalidade na cidade, nem sob a forma teológica da religião do Pai nem sob aquela, substitutiva, mas equivalente, do humanismo de pleno direito, do "humanismo sem vergonha". Trata-se, pois, de tirar todas as lições da antropologia e da teologia que correspondem à situação da nossa modernidade.

O político é um meio de violência, mas também de exterioridade. Ele se dá inteiramente na ação, se julga pelos resultados, obedece a uma lógica em que as intenções mais puras, as ideias mais nobres, podem provocar as piores malversações; inversamente, certa imoralidade pode salvar vidas e preparar a paz. Não se trata de uma descoberta. Santo Agostinho já dizia a mesma coisa no contexto de seu tempo e de sua fé: "por isso muitos atos condenáveis aos olhos dos homens recebem a aprovação de vosso testemunho, e muitos outros louvados pelos homens são

---

[7] *Ibidem*, p. 272.

condenados por vosso testemunho. É que as aparências de um ato diferem com frequência das intenções de seu autor, assim como das circunstâncias ocultas"[8]. Kant, com "a insociável sociabilidade", ou Hegel, com a teoria da astúcia da razão, não enunciam outra coisa: a providência utiliza meios que parecem contrariá-la para chegar a seus fins, e os homens engajados na ação, no acontecimento, não podem necessariamente discernir o sentido do que eles fazem e do que se produz.

Trata-se, pois, de uma filosofia política clássica, já que o problema de reconhecer o mal, o absurdo, o insensato, sempre foi central tanto nas filosofias como nas religiões. Mas pode haver duas atitudes. A primeira é a justificação, ligada ao fato de que, de todo modo, existe outra economia na qual o mal tem sentido e na qual os pecadores são salvos, e que se contentará então com a pureza das intenções, quaisquer que sejam os resultados da ação. Uma segunda atitude considera que se deve conduzir a ação nessa desordem e o mais próximo de sua lógica, a fim de produzir, sejam quais forem as intenções, uma ação eficaz; em outros termos, no seio do caos é preciso traçar um pouco de perspectiva e de sentido, e isso só pode ser feito orientando-se pelos efeitos da ação que se conduz. Aqui é uma ética bem diferente que se propõe.

A primeira pode parecer mais moral. Mas é um erro. Quanto à segunda, que tem má reputação, nem por isso ela é imoral ou cínica. Pois, de certa maneira, a moralidade própria do político exige ser julgada pelos resultados, pelos efeitos: "é preciso se dedicar apenas aos resultados"[9]. Essa exigência é "a regra de uma verdadeira moral"[10].

Duas morais se confundem, a dos moralistas e a dos políticos. Dizer que o político não pode se reduzir ou ser comandado a partir da moral dos moralistas não é recusar-lhe toda moral e pregar o imoralismo, o vício, a violência. Pois, enquanto a moral dos moralistas pode se mostrar politicamente imoral, a suposta imoralidade dos políticos pode ser a expressão de uma moral política. Portanto, é claramente a uma inversão que assistimos. A

---

[8] Santo Agostinho, *Les Confessions*, III, IX, Paris: Gallimard, [s.d.], p. 61.
[9] *Ibidem*, p. 274.
[10] *Ibidem*.

moral, se for apenas discurso ou, mais ainda, intenção, pode ser imoral. Inversamente, o imoralismo, a arte dos meios, uma certa habilidade ou uma certa astúcia podem ser moral se for esse o meio de atingir seu objetivo. Há fins que justificam os meios e que, inclusive, os tornam necessários, sobretudo quando se trata de salvar vidas humanas inocentes. É preciso definir uma "virtude política"[11]. Ora, essa virtude política se distingue da virtude moral na medida em que ela não é virtude por si mesma, mas se constrói desde o início "na relação com outrem"[12].

Isso significa que ela não está dada em parte alguma. Não está preservada ou garantida por nenhuma instância. Pode mesmo não ocorrer. Os homens podem não se respeitar, podem se bater, se ignorar, se desumanizar. Uma lição é tirada. Lição do Deus que nos deu a liberdade, lição do homem que pode se desumanizar porque faz mau uso dessa liberdade. Mas a lição deve ser tirada até o fim: a política não é assunto nem de Deus nem de um homem de pleno direito que seria seu substituto. A religião do Pai e o humanismo de pleno direito são uma única e mesma demissão diante de nosso poder e nossa responsabilidade. Se nenhuma Providência governa nosso destino, tampouco a má fortuna o governa: nem Deus nem Gênio maligno. A política está mais além da alternativa entre esperança e desespero[13].

É precisamente porque não há solução inscrita no caderno do mestre, e porque o sentido da história não está reservado nem totalizado em parte alguma, que a ação, a correção e a virtude têm sentido: "A ideia de uma humanidade fortuita e sem causa ganha é que dá um valor absoluto à nossa virtude"[14]. O desastre da guerra não é obra de Deus nem de uma natureza humana qualquer, ruim, viciosa, orientada para o mal e sem apelação possível. Esse desastre é obra nossa, direta ou indireta. Contingência e liberdade se juntam aqui para dar toda a sua amplitude às nossas escolhas e à nossa responsabilidade. Não temos escusa. Sobretudo nenhuma moral, Deus ou os grandes princípios. Pois a história

---

[11] *Ibidem*, p. 275.
[12] *Ibidem*.
[13] *Ibidem*, p. 276.
[14] *Ibidem*, p. 277.

mostrou suficientemente que estes são "dobráveis a todos os fins"[15]. Dos princípios à ação, as consequências nem sempre são boas.

É possível oprimir, exterminar e alienar em nome dos princípios; aliás, isso é feito sempre em nome de princípios, por ser mais eficaz e porque o poder tem necessidade de ser acreditado, obedecido — Pascal já recomendava não dizer aos homens que as leis são injustas, pois eles "só obedecem a elas por acreditarem que são justas"[16]. O "Prefácio" a *Humanismo e terror* começava por aí: "A pureza dos princípios não somente tolera, mas também requer violências. Há, pois, uma mistificação liberal"[17]. Se há uma virtude do político, esta não pode se limitar aos princípios, mas deve se colocar a questão de sua aplicação e de seus efeitos concretos na história. O que conta é o humanismo verdadeiro, o humanismo real, o humanismo sério[18].

Assim, é preciso confrontar os valores proclamados à sua realidade efetiva. A verdadeira crítica, a crítica eficaz tanto ao regime comunista como ao regime liberal, é a que consiste em examinar se um e outro correspondem, nos fatos, aos valores que reivindicam. "O comunismo é igual às suas intenções humanistas? Eis aí a verdadeira questão"[19]. É a mesma questão que já havia sido feita à política liberal.

UM PODER QUE SEJA JUSTO: A POLÍTICA IMPERFEITA

Tão logo o conflito é reconhecido como o meio da política, a questão da superação humana e efetiva da violência se torna a questão principal da filosofia política. Sob que condição é possível, sem negar a violência, sem pretender tampouco pôr um termo definitivo a ela, organizar uma vida coletiva que permita obter o máximo de paz, de prosperidade e de liberdade para todos?

Se o marxismo foi julgado fraco, é porque não soube responder à questão do "poder dos sem poder", é porque traiu, depois de

---

15 *Ibidem*, p. 278.
16 Blaise Pascal, *Pensées*, Paris: Pléiade, [s. d.], p. 1161.
17 Maurice Merleau-Ponty, *Humanisme et terreur*, op. cit., p. 39.
18 *Idem*, *Signes*, op. cit., pp. 282-283.
19 *Ibidem*.

Kronstadt[20], seu movimento inicial e a esperança de um poder do povo por ele mesmo. Esse ponto é essencial. A questão da democracia nunca é, politicamente, uma questão secundária. É ela que permite responder às outras questões, da justiça econômica e social, da paz.

Para haver uma superação humana da violência, é preciso, em primeiro lugar, definir o que poderia ser um poder que não seja injusto[21]. Maquiavel é prontamente escusado pelas circunstâncias de seu tempo por não ter dado essa definição. Ele apenas colocou o problema, o de um "humanismo real", isto é, de um humanismo não fundado em princípios, mas que age e transforma as relações reais dos homens concretos entre si. "Mas revelou-se que todo o problema era constituir um poder dos sem poder"[22]. Tal é a questão política maior, que Marx irá retomar e na qual vai tropeçar. A perspectiva do humanismo sério passa pela de um poder justo e, portanto, por uma nova relação "do poder com os dominados"[23].

Desde Kronstadt temos, novamente, o divórcio do poder e das massas, um poder que volta a usar de artimanhas e mentiras. A decepção comunista, ao longo do século XX, a grande depressão progressista, a desesperança e o fatalismo contemporâneos, e o refúgio individualista são consequências. Mas esse fracasso histórico não é só um fracasso de fato: ele coloca uma questão de princípio, a de saber se é por natureza que o poder tende a "se autonomizar", se isso é um processo inevitável ou se outra solução é possível, uma esperança sempre permitida.

Em "A guerra aconteceu", de Merleau-Ponty, a descoberta da dimensão trágica da história, arruinando toda filosofia da consciência, resulta do fato de não sermos para os outros o que somos para nós mesmos. A metáfora do ator vinha ilustrar esse movimento de pensamento, cada um de nós sendo ao mesmo tempo o animador e o cativo de um fantasma que nos ultrapassa.

Não há eu que não seja um eu para outrem, e não há visão de mim sobre mim que já não integre uma visão de outrem sobre

---

20 Referência ao esmagamento, pelos bolchevistas, de uma revolta que exigia uma democracia operária, em 1921. [N.T.]
21 *Idem, Signes, op. cit.*, p. 280.
22 *Ibidem*, p. 281.
23 *Ibidem*, p. 282.

mim. Portanto, não cabe construir a relação com outrem a partir de solidões egoicas: estas não existem, o ego é desde o início transindividual. Inversamente, temos de nos construir como sujeito em primeira pessoa a partir de uma intersubjetividade, de uma mistura, de uma promiscuidade, de uma transitividade, aliás sem poder romper inteiramente com ela. Enquanto em Sartre o olhar de outrem, ao nos objetivar, nos diminui em nossa subjetividade, em Merleau-Ponty ele participa e constitui um elemento essencial do acesso a nós mesmos e da definição de nossa ipseidade.

É o que justifica a violência da história que dá — e os processos de depuração no final da guerra ilustram essa situação metafísica — "uma dura ideia da responsabilidade que não é daquilo que os homens quiseram, mas daquilo que se verificou que fizeram à luz do acontecimento"[24]. A responsabilidade histórica "substitui assim o indivíduo tal como ele se sentia ser, um papel ou um fantasma no qual não se reconhece, mas no qual deve agora se reconhecer, pois é o que ele foi para suas vítimas e porque hoje suas vítimas têm razão"[25].

Essa análise, que se aplica à consciência, à história, à política, vale plenamente também para a análise do poder. Em outros termos, o poder, por brutal que seja, não é exterior àqueles sobre os quais se exerce. A divisão entre chefes conscientes e massas inconscientes é, portanto, recusada. O verdadeiro poder é mais forte quando persuade, faz amar, convence. Ele não é nem puro direito nem pura força. Sua natureza é "cativar", e "cativa-se melhor apelando à liberdade do que aterrorizando"[26].

É exatamente aqui, como no seio mesmo da violência, que aparece um processo humanizante: "mostram-nos um começo de humanidade emergindo como que à revelia do poder, e pelo simples fato de que ele busca seduzir consciências"[27]. Se o povo obedece às leis apenas por acreditar que são justas, a justiça tem sua desforra sobre a força. O poder não é sem fissura, porque está aberto a uma exterioridade, porque se dirige a sujeitos,

---

[24] *Idem, Humanisme et terreur, op. cit.*, p. 132.
[25] *Ibidem*, p. 133.
[26] *Idem, Signes, op. cit.*, p. 269.
[27] *Ibidem*, p. 271.

porque opera num certo estado da opinião: "assim como espelhos dispostos em círculos transformam uma pequena chama em algo feérico, os atos do poder, refletidos na constelação das consciências, se transfiguram, e os reflexos desses reflexos criam uma aparência que é o lugar próprio e, em suma, a verdade da ação histórica"[28].

Isso justifica, certamente, que não haja passividade absoluta possível, uma vez que esta, como atitude, já é cúmplice, já é servidão voluntária. O poder não está fechado em si mesmo. Ele não é sequer mestre de si porque depende dos efeitos que produz, da percepção que se tem dele, portanto da opinião pública. Toda a arte do político é saber integrar essa dimensão à sua ação, mas aí residem também sua vulnerabilidade e sua impotência.

O homem político leva ao paroxismo a situação histórica que é a de todo homem, a saber, não ser julgado pelo que crê, pelo que pensa, por suas intenções, seus valores ou seus fins, mas pelos resultados de sua ação tais como são percebidos pelos outros.

> *Mostramos que o homem público, já que pretende governar os outros, não pode se queixar do julgamento severo de seus atos feito pelos outros, nem pela imagem muitas vezes inexata que fazem dele. Conforme Diderot disse do ator em cena, afirmamos que todo homem que aceita desempenhar um papel carrega consigo um "grande fantasma" no qual está agora escondido, e que é responsável por seu personagem mesmo se ele não é ou não reconhece nele o que gostaria de ser.*

Desse ponto de vista, contingência da história e liberdade do homem se conjugam na figura de um herói de tipo novo, porque ele deve agir num tempo em que nada está predeterminado nem claro, e em que suas ações lhe escapam em grande parte. O herói moderno é um herói modesto. O tempo do Deus impotente, do homem inumano, é também o tempo da política impura, da política imperfeita.

---

[28] *Ibidem*, p. 273.

A REPÚBLICA DOS CIDADÃOS

Merleau-Ponty se junta à exigência do humanismo cívico, segundo a qual convém forjar um poder coletivo controlado pelos cidadãos e a partir do qual, dele participando e nele se reconhecendo, eles podem também dominar seu destino[29].

O tema da democracia entendido como poder dos sem poderes deve ser compreendido nesse horizonte. Ele não corresponde a um procedimento negativo, um assalto desesperado e heroico da virtude pessoal contra o malefício do poder, e sim à busca de um poder democrático que possibilite a cada um nele se reconhecer e dele participar. Recusando o corte da sociedade e do político, ele recusa ao mesmo tempo a constituição possível de uma tecnocracia do poder que faria de alguns os especialistas do político e que, sobretudo, manteria os outros confinados à vida civil, distantes daquele. O humanismo cívico mostra e combate o conluio muito pouco percebido da mistificação liberal e da burocracia.

O FUTURO DO SOCIALISMO[30]

Merleau-Ponty, partindo de Max Weber e depois de Maquiavel, busca descobrir que forma dar ao humanismo cívico de seu tempo. Essa reflexão é o objeto de seus últimos trabalhos e merece ser prolongada. O humanismo cívico comporta certo número de condições que não são apenas jurídicas: participação política, virtude cívica, educação, justiça social e interesse geral[31].

Quando, em 1959, o Centro de Ação Democrática de Pierre Mendès France decide se juntar ao Partido Socialista Autônomo, Maurice Merleau-Ponty preside um debate que se arrisca a buscar o "sentido profundo" dessa adesão, a discernir o que, por trás de uma simples "questão de atualidade"[32], pode ser uma "questão permanente"[33].

---

[29] *Ibidem.*

[30] Essas análises são retomadas do meu livro *Pierre Leroux et le socialisme républicain: une tradition philosophique*, Latresne: Le Bord de l'Eau, 2003.

[31] *Ibidem*, p. xxi.

[32] Maurice Merleau-Ponty, "L'Avenir du socialisme", in: *Parcours II, op. cit.*, p. 241.

[33] *Ibidem.*

Mendès France, após tantos anos de ação política, não pode ter escolhido essa adesão por uma habilidade tática comandada pelas circunstâncias, nem o momento, mais profundamente, em razão de uma mudança de orientação em seu pensamento e de uma inflexão de suas convicções. Ao aderir a um partido socialista, Mendès France não muda. Ele se torna o que sempre foi, pois foi sempre socialista. Só que o socialismo tal como existia, o da SFIO, que Merleau-Ponty criticou tão severamente, não era o dele. O que torna possível, em 1959, esse acontecimento é, portanto, uma mudança do próprio socialismo, não uma mudança puramente prática, de forma, de estrutura, de organização, mas uma mudança ideológica, doutrinal, teórica, uma "maturação da ideia socialista"[34].

Apresentar assim essa mudança dá a entender duas coisas. De um lado, a ideia socialista se desenvolveu e se transformou, tornando-se melhor e mais ela mesma. Em segundo lugar, a maturação da ideia socialista incide sobre uma questão essencial: as relações entre socialismo e democracia.

Que tal questão possa se colocar significa que as relações da democracia e do socialismo não são naturais nem evidentes. A ideia de que a democracia real é uma democracia social ou, inversamente, de que não pode haver socialismo senão democrático sempre existiu no movimento socialista. Mas ela também sempre foi vigorosamente combatida, sendo com frequência muito minoritária. Pierre Mendès France pôde aderir ao socialismo porque este havia evoluído, em particular sobre essa questão. O socialismo doutrinal acabara de perder a batalha ou estava em via de perdê-la:

> *Se o socialismo fosse ou a ditadura do proletariado, isto é, praticamente a ditadura do Partido, ou o socialismo parlamentar tal como entendido pela SFIO, isto é, uma linguagem marxista abrangendo reivindicações imediatas e, quanto ao resto, uma prática oportunista, se a palavra socialismo fosse confiscada por essas duas acepções, não há, me parecia e me parece sempre, razão alguma para Mendès France reivindicá-la. A decisão que*

---

34 *Ibidem*, p. 242.

> *ele acaba de tomar coloca em viva luz outro sentido que o socialismo adquire no contexto de nosso presente*[35].

A liquidação da dialética revolucionária não reconduz à mistificação liberal. Ela conduz ao socialismo num outro sentido.

Em novembro de 1956, em seu artigo sobre a desestalinização, Merleau-Ponty já se interrogava sobre o "reformismo" e o sentido que esse termo podia ter: "A verdade é que o reformismo não é uma coisa velha: ele é o único na ordem do dia"[36].

A questão política compartilhada pelo velho liberalismo e o velho socialismo é a da natureza da propriedade. A propriedade privada dos meios de produção, num caso, e sua apropriação coletiva, no outro, bastam para assegurar um futuro radioso. O reformismo é a doutrina que recusa situar o problema político nesse terreno. Para ele, o problema político não é mais o da natureza da propriedade, mas o dos meios capazes de colocar a economia a serviço de um interesse público, "a direção efetiva da economia pelo homem"[37].

A desestalinização não deve tocar apenas o PCF. Deve tocar também o Partido Socialista e seu "jogo duplo"[38]: discurso revolucionário, de um lado, prática oportunista, de outro. Desse modo, o homem verdadeiramente de esquerda, e esse é o "critério" que Merleau-Ponty retém, é aquele que, querendo levar a desestalinização até o fim, a estende "a toda a esquerda"[39]. É nesse contexto, e para conduzir tal ação, que Mendès France pode aderir ou deve aderir ao socialismo.

Esse texto requer várias observações. O socialismo, seja revolucionário e ditatorial ou parlamentar e oportunista, mas doutrinalmente marxista em ambos os casos, seja do PCF ou da SFIO, é um confisco do socialismo. Logo, conforme o que vimos, haveria uma ideia socialista diferente da ideia marxista ou revolucionária ou oportunista, mantendo outra relação com a democracia, e isso desde a origem.

---

[35] *Ibidem*, pp. 242-243.
[36] *Idem, Signes, op. cit.*, p. 384.
[37] *Ibidem*.
[38] *Ibidem*, p. 385.
[39] *Ibidem*.

É claramente a "decisão" tomada por Pierre Mendès France que permite revelar tanto o que foi esse confisco como o que estava confiscado, e assim revelar "outro sentido" do socialismo.

Assim, duas questões se colocam: primeiro, em que consiste essa ideia socialista diferente e em que a adesão de Mendès France a coloca numa "viva luz"? Segundo, trata-se de uma atualização, de uma maturação ou de uma aquisição? Num caso, a adesão de Mendès France ao socialismo celebraria o reencontro do socialismo consigo mesmo, com sua verdadeira natureza. Essa lógica teria a vantagem de tornar compreensível a ideia de que, ao aderir ao socialismo, Mendès France não mudou, o que supõe que ele sempre foi socialista, portanto que o socialismo que era o dele e o socialismo num outro sentido que o da SFIO ou do PCF sempre existiram. No outro caso, um sentido novo do socialismo emergiria, ligado à evolução das condições históricas e ao aparecimento de uma "situação radicalmente nova"[40], tanto no plano econômico como institucional, tendo a ver ao mesmo tempo com infraestruturas e superestruturas, com o material e o simbólico.

Nessa época, a França está se tornando uma sociedade industrial, o que implica uma mudança do proletariado e das classes médias. Até então não havia aliança possível entre uns e outros: o primeiro recusando a democracia parlamentar, as segundas sendo seu "sustentáculo ativo e vigilante"[41]. Esse tempo acabou. Merleau-Ponty não diz que a aliança foi feita. Mas ela pode acontecer e deve ser favorecida.

A passagem à sociedade industrial conduz a uma modificação das estruturas sociais cujas consequências políticas restam por ser tiradas. Ela coincide com uma segunda, de outra natureza: "a derrocada da prática parlamentar da Quarta República". O fracasso dessa prática parlamentar resulta de sua permeabilidade aos "grupos de pressão", em particular dos que recusam a sociedade industrial, a sociedade nova. Com isso, é preciso inventar a forma política que vai corresponder à passagem para a sociedade industrial, encontrar uma "base nova para a democracia", o que

---

40 Idem, "L'Avenir du socialisme", in: Parcours II, op. cit., p. 243.
41 Ibidem.

supõe tanto a democracia do povo inteiro como a colaboração das classes médias e do proletariado, além do "chamado a um movimento da opinião popular".

É uma ruptura assumida com a filosofia proletária da história, mas também com certo modo de organização econômica.

A nova filosofia política se exprime por um objetivo: "o essencial é que o conjunto do funcionamento econômico e político seja colocado a serviço do interesse público". Esse objetivo não predetermina os meios. Estes devem ser julgados unicamente por sua eficácia em função de sua capacidade de atingir tal objetivo. Merleau-Ponty esclarece isso em dois momentos: "quaisquer que sejam os meios empregados" e, ainda, "os meios, de uma maneira geral, são indeterminados no ponto de partida". O econômico é recolocado em seu justo lugar. Ele não determina por si só o conjunto do social e do político. Desde que os meios sirvam os fins — o interesse público, explicitado como "uma produção máxima que realize o pleno emprego e permita a elevação constante e rápida do nível de vida" —, eles são válidos.

Essa filosofia política nova, maquiaveliana no sentido de que conjuga o republicanismo do interesse público e o pragmatismo dos meios, uma virtude propriamente política e a vontade de um poder que seja obra, situação e responsabilidade comum, leva a uma nova definição do socialismo que não celebre apenas uma recuperação e não seja um produto necessário da história posta em palavras, mas suponha uma ação: "A forma moderna do socialismo está por criar, ela não se dá espontaneamente"[42]. Esse socialismo não é mais jurídico e negativo. Não é tampouco econômico. Não gira em torno da questão da propriedade individual, coletiva ou social dos meios de produção, e não se confunde, no caso, com o fim da "propriedade privada".

Ele deve ser julgado pelos resultados, pela transformação real das relações sociais e de coexistência entre os homens, o que é um modo de aplicar a crítica marxista ao próprio marxismo, de remontar do direito ao fato, da interpretação à transformação. Ele não é algo a aplicar, mas a inventar, "a criar", "a imaginar na

---

[42] *Ibidem*, p. 245.

ação e segundo seus ensinamentos", sem prejulgar o que é possível nem mesmo o que será eficaz[43].

UM NOVO LIBERALISMO

Por um lado, Merleau-Ponty reivindica a necessidade de produzir um "novo liberalismo". Por outro, ele reivindica um socialismo moderno para o século XX. Essas duas reivindicações não são nem contraditórias nem concorrentes. Ao contrário, elas definem a busca de um socialismo liberal. Merleau-Ponty retoma, sem fazer alusão a isso, uma tradição, a de um socialismo francês não marxista. Mostra claramente que o "liberalismo", tal como ele o entende, é de esquerda e se opõe tanto à política da direita quanto à política dos comunistas.

A política do general De Gaulle é o colégio único, a evacuação da Tunísia. Para levar a cabo sua ação, o general não busca "o apoio da opinião de que teria necessidade"[44]. Não o faz, pois começa por se enganar sobre as razões que não permitiram à QuartaRepública realizar a política de reformas que ele vai conduzir. Em realidade, o que faz o general? Ele retoma os objetivos da política dos governos de esquerda. Mas se é bem-sucedido onde estes fracassaram é porque a direita aceita de De Gaulle as soluções "liberais" que ela recusava à esquerda e à centro-esquerda, certamente porque o general é o libertador, mas também porque ele, para fazer engolir a pílula, acompanha suas medidas de "um golpe de gongo antiparlamentar"[45]. A esquerda não teve sucesso porque não pôde contar com os votos dos comunistas e, assim, precisou compor com a direita; só que esta recusava qualquer apoio ou o negociava tão duramente que lhe obstruía sua ação.

Por isso De Gaulle não diz a verdade ao afirmar que é preciso ultrapassar a política dos partidos quando retoma a política da esquerda e quando põe no débito da democracia o que, de fato, deve ser "colocado no passivo da direita"[46]. Não é algo

---

43 *Ibidem*, pp. 245-246.
44 *Idem, Signes, op. cit.*, p. 247.
45 *Ibidem*, p. 429.
46 *Ibidem*, p. 430.

sem consequência e sem gravidade. A discordância é profunda e envolve o futuro. A discordância não é sobre a política seguida, uma vez que De Gaulle pratica uma política de esquerda e põe em prática as soluções liberais que a esquerda desejava sem conseguir impor. Mas De Gaulle tira daí uma conclusão, que é a condenação do regime dos partidos e da democracia parlamentar — e é sob essa condição, aliás, que consegue aplicar sua política — para substituí-lo por uma "metafísica do árbitro e do povo, um aquém, o outro além dos partidos".

Essa habilidade tem um preço considerável. Merleau-Ponty não crê que seja essa a justa análise nem a boa resposta. O problema francês, inclusive o da Quarta República — República que, contrariamente ao que lhe é reprovado, não careceu de "continuidade", mas, ao contrário, "de iniciativa, de movimento, de novidade" —, não é reforçar os poderes do presidente da República e fazer com que ele seja um árbitro que apenas pede ao povo, de tempos em tempos, sua aprovação. O problema francês é "antes ter um poder que governe, isto é, que conduza e transforme o país na ação"[47].

Partindo de uma análise errônea, De Gaulle propõe uma solução ruim que é também uma solução perigosa, mesmo se, reencontrando o bonapartismo latente do espírito francês, ela é imediatamente eficaz. A solução às dificuldades francesas não devia ser buscada no reforço do poder do chefe de Estado, mas no aprofundamento da democracia e na participação da sociedade, pelo conhecimento, pela ação e pela responsabilidade ante a situação comum. Quando se voltam as costas a essa necessidade, faz-se um avanço real, mas provisório, e preparam-se outras dificuldades para amanhã. Mas é verdade que esse aprofundamento democrático só será possível quando os comunistas abandonarem sua "política titubeante"[48]: "não haverá democracia real ou verdadeira enquanto os comunistas recusarem entrar positivamente no regime..."[49]. Por suas hesitações, por suas recusas da democracia política e do reformismo, eles fizeram o jogo da direita e do poder cesariano.

---

47 *Ibidem*, p. 428.
48 *Ibidem*, p. 431.
49 *Ibidem*, p. 432.

Com isso, Merleau-Ponty é levado a colocar sua própria equação, em parte pessimista: "Pela força das coisas, é somente fora da direita e fora do Partido Comunista que se pode colocar as verdadeiras questões..."[50]. A cumplicidade dos comunistas e da direita se baseia no velho caráter antiliberal de ambos. Ora, os problemas a longo prazo da França supõem criar uma nova prática do poder, menos heroica, menos autoritária, menos centralizada, menos elitista: "A crise francesa se deve a que, se os problemas têm uma solução, esta é liberal, e não há mais na França nem teoria nem prática da liberdade política"[51].

De Gaulle é uma muralha contra o fascismo, sem dúvida, e isso merece ser dito e reconhecido. De Gaulle é eficaz na ação e conduz uma boa política, porque permite a descolonização que ninguém pôde fazer. É preciso parabenizá-lo por isso. De Gaulle o faz no contexto das realidades do presente, tomando a direita e os comunistas pelo que eles são. Não é desprezível e é também eficaz. Mas o problema é que essa eficácia do momento terá consequências graves no futuro, com a instalação de um "novo regime" que não resolverá a "crise francesa" e continuará a fazer da França um país "retardatário na prática social, política e econômica"[52].

Quando Merleau-Ponty fala de um novo liberalismo, de que ele fala? Não se trata aqui nem da separação nem do equilíbrio nem da contestação dos poderes e de seu controle. O liberalismo de Merleau-Ponty não é o de Montesquieu nem o de Alain. Certamente ele reconhece que "todo poder sem controle enlouquece", e não se trata de instaurar um poder absoluto, sem limite, sem regra. Para ele, o verdadeiro controle, sem contestação possível, é o da soberania popular, do sufrágio universal: "A maioria nem sempre tem razão, mas não se pode ter razão com o tempo contra ela, e comete-se um erro quando se exclui indefinidamente a prova; aqui, tocamos a rocha. Não porque a maioria seja oráculo, mas porque ela é o único controle"[53]. Para que o poder seja

---

50 *Ibidem.*
51 *Ibidem*, p. 433.
52 *Ibidem*, p. 428.
53 *Ibidem*, pp. 400-401.

controlado, porém, é preciso que haja um poder e que este possa agir: "Mas o que fazer quando não há mais poder algum, quando restam apenas controladores?"[54].

A questão, portanto, é primeiro criar um poder, criar poderes; é também organizar da melhor maneira o sufrágio, a instrução, a informação, a deliberação, a crítica: "Como dizia Hegel, a liberdade precisa do substancial, precisa de um Estado que a suporte e a anime"[55].

O novo liberalismo seria de inspiração hegeliana e se basearia na teoria de um Estado forte? Merleau-Ponty não propõe esse modelo. O modelo que ele pensa é o praticado instintivamente por Pierre Mendès France: "o governo como iniciativa que congrega, a ação como um movimento que não pode ser interrompido a todo instante, mas que se abasteça dos encontros com a nação, organize sua própria pedagogia e demonstre que se desenvolve"[56]. A questão hegeliana, transposta no contexto do presente, iluminada à luz do que foi a experiência de Mendès France, se traduz pela vontade de "encontrar instituições que implantem nos corações essa prática da liberdade"[57]. Esse novo liberalismo é mais próximo do liberalismo dos republicanos socialistas que das apologias do Estado prussiano.

Compete à esquerda não comunista criar as condições dessa refundação democrática. O socialismo, se é fraco no presente e comprometido na realidade, tanto nos países comunistas como no seio da SFIO, continua sendo uma "ideia" poderosa e que tem futuro. "O socialismo do século XX é somente uma ideia, mas, se devemos politicamente sobreviver ou reviver, será nessa linha"[58].

Se quisermos sobreviver politicamente, temos de avaliar que essa tarefa é hoje a nossa, e que ela desenha o horizonte de uma política progressista, plenamente liberal e plenamente socialista para o século XXI.

---

[54] *Ibidem*, p. 401.
[55] *Ibidem*, p. 433.
[56] *Ibidem*, p. 434.
[57] *Ibidem*.
[58] *Idem, Parcours II, op. cit.*, p. 246.

LOGOS

E

ERGON

Se, em vez de reagir a uma ligeira perturbação de equilíbrio pela ação que convém no mundo da realidade, recorre-se a encantamentos mágicos, essa perturbação se arrisca a atingir proporções tais que a guerra se torna inevitável. O exemplo típico é o acesso ao poder do movimento nacional-socialista, primeiro na Alemanha, depois na escala do continente, o coro gnóstico lançando gemidos de indignação moral ante a atos bárbaros e reacionários num mundo de progresso — mas sem levantar sequer o dedo mindinho para reprimir a força crescente nem fazer o menor esforço político em tempo hábil.

ÉRIC VOEGELIN

Uma sabedoria para o nosso tempo

Somos livres para não ser de nosso tempo. Podemos nos querer gregos ou tomistas ou kantianos de pura obediência [...]. Isso não nos impedirá de receber a marca de nosso tempo e da história que se faz em meio aos nossos pretensos aristotelismo ou tomismo, e de padecê-la numa feliz ignorância. Para ser de seu tempo, é preciso querer sê-lo, e é preciso trabalhar para chegar a ele. Estamos diante da escolha entre sermos atores da história em ignorância ou com conhecimento de causa. Inútil dizer que não há hesitação sobre o caminho que convém adotar. Parece-me que uma parte do trabalho filosófico deve consistir em esclarecer a situação que nos é dada pela história, em traçar as coordenadas da configuração ou da conjuntura na qual nos encontramos, a fim de discriminarmos os possíveis pertinentes e as tarefas sensatas.
MARCEL GAUCHET

SOLIDÃO DO HOMEM-DEUS

A natureza humana é de uma plasticidade tal que pode, em toda época, em todo lugar e a todo momento, escolher a vida animal ou a vida divina. Em nossa tradição, no seio de nossa modernidade, a assimilação a Deus prevalece não segundo o modo razoável e comedido de Aristóteles, assimilação do "tanto quanto é possível", mas segundo um modo dogmático. Ela é mesmo um traço característico de nossa modernidade.

No entanto, é costume considerar, ao contrário, que os tempos modernos se caracterizam precisamente pelo distanciamento de Deus. Essa tese, que tem o favor tanto dos filósofos como da opinião comum, negligencia a inacreditável operação de substituição, violenta e furiosa, à qual a modernidade se entregou com o objetivo de instalar o homem no lugar de Deus.

Essa *húbris* da modernidade, que confere ao homem os poderes de um Deus, é uma vontade de ultrapassar sua própria condição e seus próprios limites, de reintegrar e de assimilar a si tudo o que poderia depender da exterioridade ou da alteridade. Daí decorre também a vontade de imobilizar o movimento da história, de impor-lhe um fim, e de ter um conhecimento absoluto da totalidade do real, um conhecimento sem resto. Ela pode adquirir outras formas que não a do Espírito Absoluto e da coincidência do real e do racional. Pode adquirir aquela, mais antiga, da sabedoria ou a da lei moral, mais moderna.

Quando Aristóteles define o homem como animal político, ele afirma que quem não vivesse em sociedade seria ou um bruto ou um Deus. A política é propriamente humana porque se situa numa região intermediária entre os brutos e os deuses, na qual ela deve levar em conta as tensões e a mistura de nossa natureza. A filosofia de Merleau-Ponty constrói também seu conceito do político a partir da natureza mestiça que é a nossa, da união da alma e do corpo, da relação do sujeito com outrem e de sua condição temporal. Mas a sabedoria filosófica que pretende viver apenas a vida da inteligência, ligada à modéstia e à prudência política, não é ela mais que humana? E ao esquecê-la, o que foi talvez o gesto da modernidade e das Luzes, essa imensa revolta contra Deus, essa fé poderosa na nova religião do homem e da razão, não se corre o grande risco da desumanização?

Em Aristóteles, Deus reina em solidão. Ele não se mistura aos assuntos do mundo. A natureza não lhe interessa. O homem da sabedoria, assim como o homem do saber absoluto, não tem necessidade dos outros. Desse ponto de vista, ele é não apenas antipolítico, é também inumano.

A assimilação do homem a Deus num saber que seria absoluto, necessário, universal e ocupado com coisas imutáveis, justifica, em sentido contrário, que o homem não possa ser assimilado a Deus e, sobretudo, não deva sê-lo. Enquanto o Deus de Aristóteles só pode pensar por si mesmo, o filósofo, se é humano, só pode pensar a partir dos outros e com eles. A filosofia acontece no meio dos outros, na cidade, e é primeiramente uma arte da interrogação conduzida por uma sabedoria que conhece seus próprios limites e sua ignorância. Aquele que crê e que pretende saber é o adversário designado do filósofo. E o é por razões ao mesmo tempo filosóficas e políticas.

Essa descoberta é, como vimos, o que Merleau-Ponty foi obrigado a retomar depois de Descartes, Kant e Sartre, e no confronto com eles. No entanto, ela é tão velha como a filosofia; está presente na amizade de Montaigne e de La Boétie: "Longe de a amizade com La Boétie ter sido um acidente de sua vida, caberia dizer que Montaigne e o autor dos *Ensaios* nasceram dessa amizade, e que para ele, em suma, existir é existir sob o olhar de seu amigo"[1]; já estava presente em Aristóteles: "Assim como, quando queremos contemplar nosso rosto, fazemo-lo ao olhar num espelho, assim também, quando queremos nos conhecer, nos conhecemos ao nos ver em um amigo"[2].

SABEDORIA, AMIZADE E PRUDÊNCIA

A recusa do político começa pela vontade de construir, pela razão, a consciência moral ou os direitos naturais, um sujeito que seja ele mesmo sem os outros ou antes dos outros. Essa incapacidade de se construir, de se pensar e de viver com os outros pode levar à inumanidade. É a versão, aqui, do prometeísmo, base filosófica e antropológica do "complexo divino" e das neuroses narcísicas que são a fonte de tantos sofrimentos[3].

Aristóteles já havia prevenido: "para nós, o bem implica uma relação com o outro, enquanto Deus é nele mesmo seu próprio bem"[4]. O político supõe a desdivinização do homem e, de certo modo, a redivinização de Deus, seu afastamento, sua distância. A substituição do homem, criador, a Deus, tornado criatura, na herança do racionalismo das Luzes e segundo um processo de secularização, não é de modo nenhum uma liberação em relação a uma alienação fundamental. É uma alienação bem maior, na qual o homem, transformado em Deus para ele mesmo, criador e legislador supremo, acredita poder comandar os outros e a natureza sem reservas, alienação sem reservas de quem não conhece mais a Alteridade e reconduz tudo a si, à sua onisciência e à sua onipotência.

---

[1] Maurice Merleau-Ponty, "Lecture de Montaigne", in: *Signes, op. cit.*, p. 262.
[2] Aristóteles, *Grande Moral*, II, 15, 1213 a 15-24.
[3] *Complexo divino* é o título de um livro de Richter que Manfred Frank comenta em *Le Dieu à venir, op. cit.*, pp. 56 ss. Sobre as neuroses narcísicas, cf. Alain Ehrenberg, *La Société du malaise,* Paris: Odile Jacob, 2010.
[4] Aristóteles, *Ética a Eudemo*, VII, 12, 1245 b 14-19.

Contrariamente a essa sabedoria que pretende nos fazer participar da inteligência divina, nos fazer conhecer, de maneira imutável, coisas também imutáveis e necessárias, existe outra forma de saber ou de inteligência, a *phrónesis*, a prudência tal como definida e exposta por Aristóteles na *Ética a Nicômaco* como "disposição prática acompanhada de regra verdadeira concernente ao que é bom ou mau para o homem"[5].

Essa ciência à altura dos homens não é um empirismo ou uma renúncia à inteligência. A virtude da prudência é uma virtude intelectual, mesmo se a natureza dessa inteligência é adaptada à condição humana, à união de um corpo e de uma alma envolvida com outros numa história contingente, a uma ação precária e a uma vida coletiva na qual não é preciso renunciar ao prazer, nem à utilidade, nem à felicidade.

A verdadeira sabedoria humana não deve consistir em querer ocupar o lugar de Deus, mas sim em avaliar constantemente a distância que nos separa dele. Tal é o lugar do político e do filosófico, o lugar comum de ambos.

A sabedoria humana supõe uma aceitação de sua própria condição, condição de ser mortal, certamente, mas também de animal racional e político que não pode ter razão sozinho. Assim, a sabedoria humana é imediata e essencialmente política. Ela reconhece o pluralismo, o relativo, a contingência, não só porque preserva a possibilidade para todo homem de escolher a vida que lhe parece melhor e o exercício de seus direitos fundamentais, mas porque permite e organiza a deliberação comum sobre o conteúdo dos fins e, portanto, dessas escolhas. Enquanto sabedoria política, ela não é neutra. Considera que é através de um modo de organização política, de uma instituição do político que permite essa deliberação e lhe dê substância, que a vida boa se realiza.

PENSAR HUMANAMENTE

O louco, o insensato, é quem crê ter razão sozinho e para sempre. Deus, profeta ou super-homem, ele escapa o quanto pode à sua condição humana. Recusa-a. Prepara-se para a inumanidade. A

---

[5] *Ibidem*, VI.

versão moderna e liberal da sabedoria do filósofo divino por oposição ao filósofo humano se encontra nesse subtrair-se pelo qual se deveria romper com seus vínculos, sua história, suas particularidades, para poder garantir um ideal de justiça e de equidade. Por oposição, a racionalidade política não é racionalidade absoluta, necessária, eterna. Feita de escutas, de trocas, de argumentos, de deliberação, de prudência, essa racionalidade que não pode pretender ao saber absoluto é a filosofia no sentido de Sócrates.

Pelo chamado permanente à condição modesta, não divina e humana do homem, a sabedoria trágica dos gregos busca uma ação no presente que não se apoie no conhecimento do futuro. Quem pretende conhecer o futuro e agir no presente em nome desse conhecimento ultrapassa sua condição e seus poderes. Essa maneira de querer ocupar o lugar dos deuses, usurpar a sabedoria deles, está ao mesmo tempo presente nas ciências da história e nas ciências da natureza sob a figura do demônio de Laplace ou de um positivismo que identifica o conhecer à previsibilidade. Bergson teve razão ao pronunciar a revolta contra essa inclinação da inteligência moderna e ao querer reencontrar um tempo que seja um tempo que dure, isto é, um tempo imprevisível. É porque queremos conhecer o fim da história e a natureza do ponto de vista da eternidade, controlar o futuro reduzindo-o ao presente, que nós o matamos. A crise da democracia é uma crise do futuro porque é uma crise da racionalidade moderna.

A presença constante de Sócrates no texto de Merleau-Ponty acompanha esse reconhecimento da contingência da história e do trágico da política. Ela traz consigo uma concepção do saber e da filosofia. Se há uma ligação entre filosofia e política, é porque o reconhecimento da dimensão fundamentalmente política da existência humana é acompanhado de uma forma de racionalidade específica e não de uma renúncia no empirismo ou de um abandono à retórica. Essa racionalidade deve ser exercida no pleno conhecimento de seus limites. Por isso o conflito entre a política e o político se desloca para o próprio interior do saber, e põe frente a frente dois tipos de exercício da faculdade intelectual. Há, de um lado, racionalistas que são "perigos para a razão viva" e, de outro, uma racionalidade que deve se conhecer como frágil, limitada, mas também, a seu modo, oportuna e eficaz.

Sócrates sustentou, pelo "conhece-te a ti mesmo" — que significa para cada homem aceitar seu limite e não se tomar por um Deus, pela afirmação de um saber que é primeiramente o de sua ignorância —, a ideia da condição humana como distância mantida em relação ao saber absoluto e à divindade. Temos a responsabilidade, teológica talvez, filosófica evidentemente, moral e política com certeza, de preservar essa distância, essa abertura, essa não coincidência. A atualidade de Sócrates ultrapassa aqui a de Marx ou de Weber, de Maquiavel ou de Kant.

Como recomenda Aristóteles, é melhor para o homem ter pensamentos humanos e "ao mortal ter pensamentos mortais"[6], isto é, pensar com amizade, prudência, reserva e distância, seja qual for o objeto de pensamento — Deus, a natureza ou os homens.

Mas será que a tentação do super-homem, da desmedida, da assimilação a Deus não habita a filosofia desde sua origem? E o destino prometeico do homem moderno não resultaria da tradição grega e de sua forma de racionalidade? A pretensão do filósofo platônico é não apenas um saber absoluto e divino, geométrico, necessário, imutável, mas, a partir desse saber que o coloca acima dos homens, a partir desse conhecimento que faz dele um verdadeiro Deus, dirigir a cidade.

O homem, pela filosofia, busca imortalizar-se. Mas, se não pode renunciar a essa possibilidade, ele não deve tampouco resumir-se a isso. O desejo não é a posse, o homem não é Deus, e somente a busca — na antecipação do que se busca e, portanto, daquilo que de certa maneira já se conhece — pode nos fazer avaliar toda a distância que nos separa do saber absoluto. Esse paradoxo central, do qual a teoria platônica da reminiscência é uma das figuras possíveis, assim como o Deus de Pascal, que não se buscaria se já não tivesse sido, de certo modo, encontrado, não é a expressão de uma plenitude ou de uma posse, mas traduz, ao contrário, nossa condição no modo da falta, do desejo, do amor, da separação e do movimento.

Nesse sentido, a distinção kantiana das ideias constitutivas e das ideias reguladoras não é, de maneira alguma, uma invenção moderna. A filosofia grega já tinha uma teoria do *als ob*, do

---

6 Idem, *Ética a Nicômaco*, X, 7, 1177 b 26-31.

"como se". Mas ela a definia como uma propriedade do homem e não como uma propriedade do conhecimento. Tomava-a como um ideal humano e não como um uso do conhecimento. O filósofo não é aquele que pretende ser Deus, mas aquele que busca, em todas as ordens, imitá-lo "tanto quanto possível"[7]. A diferença é considerável. No caso do *als ob* moderno, não somente há uma mentira e uma hipocrisia, uma manipulação, mas Deus serve para fundar uma onipotência humana extraviada na loucura da pureza moral. Tem-se necessidade de fazer como se Deus existisse para poder impor a lei moral. No caso dos gregos, trata-se apenas de fazer o que nos é humanamente possível no caminho do ideal, sem nos autorizar nenhuma garantia divina.

PROMETEU DESACORRENTADO

Em realidade, sob modalidades diversas, Kant, Hegel, Marx ou Nietzsche pertencem à mesma configuração histórica da desumanização. Cada um, segundo modalidades próprias, persegue a mesma ambição de fazer do homem o substituto de Deus. Em todos os casos, o moralismo, o sistema, o fim da história ou o super-homem têm uma mesma consequência, a impossibilidade da política, e em todos os casos a possibilidade mesma da filosofia, sua superação, seu fim ou seu encerramento acompanham essa impossibilidade.

O homem, constatando a loucura de um mundo que ele não fez, busca criar integralmente outro mundo e, por que não, também outro homem, que anularia essa loucura, essa desrazão, essa violência, abolindo ao mesmo tempo a distância entre o homem e Deus.

A ideia é humana, e é louvável. Ela supõe, no entanto, que o homem possa se desenraizar do mundo tal como ele é e que tenha a capacidade de uma criação inteira. Essa capacidade de criar o novo implica, em primeiro lugar, o poder preliminar de dissolver o mundo antigo, de destruir a ordem estabelecida e também de matar o velho homem. A seguir, é preciso tomar o lugar de Deus, o que supõe que este cessou de ocupar seu lugar, que também foi morto.

---

[7] Pierre Aubenque, *La Prudence chez Aristote*, Paris: PUF, 2009, p. 173.

O homem só pode matar Deus se primeiro reconhecer que esse Deus é mortal, que ele nasceu, que ele é mantido na existência por um ato que depende de nós, que ele é nossa criação e nossa criatura. O que funda o poder do homem sobre Deus é que Deus é obra do homem, é que Deus, na verdade, é humano, demasiado humano.

O mesmo vale para a natureza ou para o homem. A natureza é, no processo científico, o resultado de nossas operações intelectuais, de nossos cálculos e de nossas experiências. O mundo da ciência não é um "mundo a descrever", é um "mundo a construir", por ruptura com o dado, através de nossas técnicas, nossos aparelhos, nossos instrumentos, nossos cálculos, nossas teorias[8].

Do mesmo modo, o homem é o produto do homem, de seu contexto sócio-histórico para alguns, dos atos de sua liberdade, para outros. Podemos seguir, no movimento da modernidade, da revolução racionalista do século XVII à *Aufklärung* (Iluminismo), de Kant a Hegel e a Marx, assim como de Feuerbach a Nietzsche e a Sartre, esse vasto movimento que progressivamente faz do homem o criador do mundo, de si mesmo e dos deuses.

No século XX, após o horror nazista, o marxismo, em particular o do jovem Marx, pôde representar a esperança de redescobrir uma política capaz de impedir que a tragédia da inumanidade recomeçasse. Mas o sonho virou pesadelo. O homem desalienado de Marx, o proletário, é, em realidade, um outro nome do super-homem porque, como este, como a consciência hegeliana, integrou Deus nele, imanentizou-o. Já em Hegel, visto que Deus era apenas um momento que era preciso ultrapassar na odisseia da consciência, seu assassinato era uma condição necessária da conquista da liberdade do homem, identificada com o saber absoluto.

Se o assassinato de Deus é, em Hegel, Marx ou Nietzsche, o fim da alienação, é porque Deus representa a Alteridade, e porque a liberdade é compreendida como um retorno a si, sem nenhuma alteração. O aniquilamento de Deus é uma purificação, uma ascese mística. Num momento, sob a espécie do super-homem,

---

[8] Gaston Bachelard, "Introduction", in: *L'Activité rationaliste de la physique contemporaine*, Paris: PUF, 1951, p. 65.

do proletário ou do saber absoluto, há coincidência entre nossa ação e nosso ser, entre a história e a verdade.

O PROCESSO DA FILOSOFIA E OS BALBUCIOS DA HISTÓRIA

O filosófico mesmo, certo modo de racionalidade totalizante e política, teria levado ao desastre. A filosofia se encontra sentada no banco dos réus. O equívoco é, assim, total.

Não se viu que a causa do desastre estava, ao contrário, no afastamento da filosofia, no seu esquecimento, na ruptura de certa ligação do filosófico e do político. A ciência, o direito, a economia política, a genealogia, o sistema e até mesmo a *Seinsfrage* (a questão do Ser, em Heidegger) são tentativas para acabar com a filosofia, impedir que se coloquem, sem descanso, as questões relacionadas com as premissas.

A figura moderna do retorno ao liberalismo se traduziu pelo retorno às ilusões kantianas da democracia. Ora, o desprezo de Kant em relação a todo relativismo prático, a afirmação de um formalismo e de um universalismo que não consideram a humanidade do homem, sua particularidade, seu interesse e seu prazer conduzem à mesma intransigência e à mesma indiferença as consequências de nossas ações, a sorte dos outros e a sua felicidade pessoal. Construir uma cidade justa e boa, uma vida humana sobre essas bases, orientar-se na história e agir na cidade a partir desses imperativos é algo impossível. O homem não deve se preocupar com isso. O imperativo categórico é, em si, o fermento de uma temível opressão, porque é primeiramente a recusa da experiência, da humildade e da crítica.

Essa ideia de que a moral imperativa e categórica deve comandar os homens sem se preocupar com as realidades, os interesses, as consequências concretas para aqueles e aquelas aos quais se aplica, portanto comandar a própria política, apenas traduz um terrorismo moral inumano. Qual é o interesse de querer legislar para homens que não são homens e para um mundo que não é aquele onde temos de viver com os outros no risco, na troca, na violência, na reserva e na prudência?

Kant leva a consequências extremas a concepção moderna do saber e da revolução copernicana, que substituem a compreensão de um ser pela construção de um objeto, a ponto de fazer da existência de Deus e da imortalidade da alma postulados da razão prática. É preciso avaliar o que pode haver de perigo numa tal indiferença, numa tal solidão, numa tal pretensão a legislar. Substituir as hesitações, as incertezas, as hipóteses, os conselhos e as prudências por mandamentos, leis e imperativos equivale, no domínio da moral, com as mesmas consequências para a política, a pretender o saber absoluto e o conhecimento das leis da história.

O JUSTO E O BEM
A despolitização como crise da democracia é a consequência de uma dupla afirmação que visa tornar a definição da justiça independente ou prévia à definição do Bem. Uma primeira afirmação sustenta que certos direitos são imperativos e não leva em conta considerações sobre o bem-estar ou a vida boa do indivíduo ou da coletividade. A segunda consiste em subtrair a concepção de justiça de toda discussão sobre a vida boa e as finalidades da vida pessoal e comum, a sociedade realizando o princípio de justiça que pode ser neutro do ponto de vista das finalidades últimas, morais ou religiosas.

Há, incontestavelmente, um grande rigor e uma grande força na dedução kantiana, e não há como um único pensador, depois de Kant, possa não ser, em parte, kantiano. Mas essa força e esse rigor nos permitem, precisamente, avaliar a fraqueza e os limites da posição adotada. Se nenhuma consideração empírica, de utilidade, de bem ou de prazer pode qualificar a moralidade das ações e se somente a lei moral como imperativo categórico e absolutamente incondicionado o pode, é na personalidade moral concebida como personalidade autônoma que se encontra o fundamento. Ora, essa personalidade moral permite ao homem escapar a toda experiência natural ou social para participar de um reinado dos fins sem compromisso algum com o reinado dos meios, a habilidade ou a prudência. Em última instância, é essa capacidade de operar uma escolha fora de toda preferência, e mesmo contra toda preferência, que estabelecerá o caráter moralmente puro de uma ação. O rigorismo não é um acréscimo contingente, mas um desenvolvimento necessário dessa teoria.

Para que o justo seja anterior ao bem, é preciso que o sujeito seja autônomo, inclusive em relação a si mesmo enquanto sujeito situado, encarnado, socializado, politizado. O sujeito moral deve ser seu próprio inimigo, deve construir-se não apenas independentemente, mas contra o sujeito empírico.

Na medida em que o sujeito moral é um sujeito sem encarnação e, portanto, impotente de agir no mundo concreto e histórico, a teoria moderna buscou aclimatar essa posição a um empirismo que desmancha essa objeção fácil[9]. O sujeito liberal moderno é um sujeito autônomo, mas não é mais um sujeito transcendental. Ele carrega, na experiência, uma concepção de seu valor que não lhe impede nem a escolha nem o engajamento. Contrariamente ao sujeito kantiano ou mesmo ao sujeito sartriano, ele pode exercer sua escolha num determinado contexto sem com isso perder seu estatuto de sujeito, contanto que, no seio dessa escolha, não invalide nem sua capacidade de escolher nem a preservação da mesma capacidade para todos os outros. Essas escolhas são efetuadas num mundo em que o valor supremo é precisamente a capacidade de efetuar escolhas não coercitivas. Se há um bem, o sujeito não o encontra no mundo, no exterior dele, mas nele mesmo, e é ele, como sujeito prático, que ordena todos os outros valores, que é seu padrão.

O homem como sujeito autônomo e pessoa é o mestre do valor. É o mestre do Bem, assim como é o mestre da natureza ou o criador de Deus. Todo sentido, toda norma e todo valor têm sua origem, seu critério e sua justificação nele.

Essa concepção nos define por nossa liberdade e pela possibilidade que temos, por essência, de escapar a toda determinação natural, histórica e social. Assim, a sociedade que o homem pode construir não deve obedecer a outros princípios que não os que escolhemos lhe dar, com a reserva, porém, de que ela respeite a universalidade dessa posição, o fato de essa construção não retirar a ninguém essa mesma liberdade. Tal posição exige, ao mesmo tempo, uma real neutralidade da parte da sociedade,

---

[9] Tal é a atitude de John Rawls em *Uma teoria da justiça*. Ela já era a dos republicanos neokantianos franceses do século XIX, como Charles Renouvier (*La Science de la morale*, Paris: Félix Alcan, 1869) ou Jules Barni (*La Morale dans la démocratie*, Paris: Germer Baillière, 1868).

que não pode impor a uns ou a outros escolhas que não seriam as deles, e a afirmação de que essa neutralidade é nela mesma não neutra, isto é, fornece um princípio de crítica às sociedades existentes, de julgamento sobre essas sociedades e de melhoria ou de reforma destas. A única questão que importa é, então, saber se esse princípio é eficaz, e se, a partir de tal definição do primado da justiça, se assegura uma sociedade justa em que todos os homens são, conforme o prometido, realmente livres.

Não acreditamos nisso. Ninguém pode se situar ou se colocar ou agir com tal recuo ou tal distância em relação a si mesmo, à sua encarnação, às suas preferências, à sua história. O direito que temos de efetuar escolhas que dependem apenas de nós supõe recursos e capacidades que, na prática, não dependem apenas de nós, mas dos meios mais diversos que a sociedade, a educação e nossa situação nos deram. É o que Descartes disse muito bem, à sua maneira, quando se contentava em observar que "todos fomos crianças antes de sermos adultos". Se meu poder de escolha supõe, para se formar e se exercer, uma aprendizagem, uma educação e recursos, se esses recursos devem, além do mais, ser garantidos pela sociedade, não só não posso ser independente desta última, ser livre sozinho e por mim mesmo, como também não posso me desinteressar disso, a não ser tomando por modelo a liberdade da criança selvagem ou do alienado.

Pode-se ainda observar, com justeza, que a moral kantiana, o direito cosmopolítico e a filosofia da história, como tampouco, aliás, a filosofia do conhecimento ou a antropologia kantianas, não são compartilhados por todas as sociedades.

A abstração kantiana é não somente ineficaz do ponto de vista de seus próprios valores como também é profundamente perigosa, pois confunde a liberdade com uma forma de indiferença, ou pelo menos de descompromisso, em relação às suas escolhas, no sentido de que elas devem poder ser sempre revisadas sem que minha personalidade, definida pelo poder de escolha e não pela escolha, seja com isso afetada.

Por um paradoxo, é esse formalismo, esse rigorismo e esse universalismo que desembocam aqui numa forma de relativismo. O desenraizamento não é, de maneira alguma, uma prova de liberdade; é antes prova de uma patologia ou de um cinismo, e a história mostra que essa concepção não pode se defender contra os que se batem para preservar, ao contrário, seus enraizamentos constitutivos.

As tentativas históricas, sociais e pedagógicas para desenraizar os indivíduos, para separá-los de seus vínculos e educá-los longe de toda afeição prioritária, são carregadas de fantasmas e de perigos para a própria humanidade.

Quem somos nós se não temos pertencimentos nem preferências, quando o que nos define é primeiramente essa capacidade de trocar com todos os outros nosso ponto de vista? Se somos um puro poder de subtração, que valor terão nossas escolhas, inclusive para nós mesmos, a não ser serem as nossas? Não é somente o mundo que é, então, sem importância, desencantado, é nossa vida que se torna sem gosto nem profundidade, sem alegria nem sinceridade. Tal desencantamento não deixará de ser visto como muito fraco e amortecido diante dos que não renunciaram a colocar a moral e a religião, suas concepções da vida boa, no centro da existência, do debate público e da afirmação de si. A razão liberal, incapaz de defender-se senão como neutralidade, é chamada a ser vencida no terreno histórico e humano, lugar de uma conflitualidade sempre renascente e inexpugnável: "ela cria, assim, um vazio moral que abre o caminho aos impasses dos moralismos intolerantes ou simplistas"[10]. Quando se tiram lições da experiência afetiva, quando se utiliza a memória para agir e não para deplorar, quando se defende a distância do Deus frágil, a amizade do homem inumano e a racionalidade da política imperfeita, não há que fazer isso com a ponta dos lábios, como se fosse uma confissão de fracasso ou de uma renúncia. Esse modelo, que é o nosso, é um modelo de vida boa e de vida justa para a humanidade, e ele exige coragem e combate. De que serviria construir, através da filosofia e das experiências, uma política da verdade se fôssemos incapazes, chegada a hora, de armar a verdade em batalha[11] e de fazê-la triunfar? Em dado momento, o discurso sobre a verdade, o *logos*, deve ser *ergon*, ação e engajamento.

---

[10] Michael Sandel, *Le Libéralisme et les limites de la justice*, Paris: Seuil, 1999.

[11] A expressão exata de Jean Jaurès é: "[...] a verdade, para ser toda a verdade, deve armar-se em batalha [...]" (*L'Action socialiste*, Paris: Librairie de la Revue, 1899, p. 7).

As novas tarefas da crítica

O que é necessário? Levando em conta a crise ecológica, a extrema desigualdade da distribuição da riqueza entre países ricos e países pobres, a quase impossibilidade do sistema de continuar sua corrida presente, o que é necessário é uma nova criação imaginária de uma importância sem igual no passado, uma criação que colocaria no centro da vida humana outras significações que não a expansão da produção e do consumo, que afirmaria objetivos de vida diferentes que possam ser reconhecidos pelos seres humanos como valendo a pena. Isso exigiria, evidentemente, uma reorganização das instituições sociais, das relações de trabalho, das relações econômicas, políticas e culturais. Ora, essa orientação está extremamente longe do que pensam e talvez do que desejam os humanos de hoje. Tal é a imensa dificuldade que temos de enfrentar.
CORNELIUS CASTORIADIS

CRÍTICA E MODERNIDADE

Constatando, de um lado, a impotência de Deus e, de outro, a inumanidade do homem, o homem moderno, o *Homo oeconomicus*, estaria condenado a um pessimismo tal que ele não seria mais capaz sequer de ouvir as boas-novas quando elas existem[1]. Com isso, a filosofia política se tornaria uma vasta lamentação, uma melopeia triste e erudita sustentada por alguns nostálgicos das ordens antigas, da virtude, do civismo.

Ante a antropologia do ultraliberalismo, fundada inteiramente no culto de um eu narcísico, na subjetivação da existência e na busca máxima da satisfação pessoal por um cálculo utilitário e permanente dos sofrimentos e dos prazeres, o pensamento crítico se arrisca a ser visto não só como a expressão de uma nostalgia, de um ressentimento ou de uma frustração, mas como a vontade de uma revanche e um desejo obscuro de penalização. O nostálgico do bem comum seria, antes de tudo, aquele que é incapaz de encontrar, no mundo tal qual ele é, seu bem particular.

---

1 Este tema é desenvolvido por Francis Fukuyama em *La Fin de l'histoire et le dernier homme*, op. cit., p. 13.

Quando o pensamento crítico é acompanhado de um apelo à moderação e à frugalidade, ao cuidado dos outros tanto quanto ao cuidado de si, à responsabilidade de um tempo e de um espaço que não são os de nossa existência fugaz e limitada, ele tem poucas chances de ser ouvido por todos aqueles que ainda não alcançaram a plena realização de seus desejos e a inteira satisfação de suas necessidades, mas a quem esse direito está aberto, com sua esperança inculcada e sua promessa proferida, e isso tanto nos países mais desenvolvidos como nos países em vias de desenvolvimento.

Considerando a evolução do século XX e a herança de nosso tempo, poderíamos razoavelmente distinguir duas fases. A primeira seria a dos assassinatos de massa que dominariam ainda nosso imaginário e justificariam o pessimismo dos contemporâneos. As guerras mundiais, o fascismo, o nazismo, o stalinismo teriam marcado em profundidade e de maneira indelével nossa experiência histórica e política, vindo romper a ilusão das Luzes como ilusão de um progresso ligado à ciência, à cultura, à democracia. Tudo o que acreditávamos poder contribuir para o progresso e indicar o horizonte ou o caminho de uma libertação teria desmoronado na experiência totalitária, ou teria se tornado pelo menos o objeto de uma suspeita, de uma desconfiança, de um temor. Essa experiência seria tão poderosa, tão perturbadora, tão obsedante e, como é dito em outras circunstâncias, tão estarrecedora que ela nos impediria de compreender e de simplesmente perceber as boas-novas, ligadas ao segundo momento do século XX: o desmoronamento dos totalitarismos, o recuo das ditaduras, o fim do colonialismo.

Observando empiricamente o fim do século XX, não foi somente o nazismo que desabou e perdeu a guerra, a experiência stalinista que implodiu contra todas as expectativas e o muro de Berlim que caiu ante os nossos olhos: foram as ditaduras da Ásia, da América Latina e mesmo da Europa, em Portugal, na Espanha, na Grécia, que desapareceram no espaço de algumas décadas. Ao mesmo tempo, povos inteiros davam sua arrancada econômica e política. Iniciado com a derrocada das democracias liberais e o apocalipse de sua civilização, o século XX teria terminado na regeneração e na vitória do ideal das Luzes e do próprio liberalismo.

A nossa incapacidade de pensar esse novo momento com realismo e otimismo, de nos apoiarmos nele para desenhar uma nova esperança e pôr um termo à crise do futuro que rói nossas democracias, estaria ligada tanto à desqualificação sociológica, à desclassificação que sofreram os pensadores desse novo estado social, como ao fato estrutural de que o pensamento tem sempre um tempo de atraso. A impotência mesma do pensamento crítico de fazer-se entender, de propor uma alternativa e de estruturar um movimento de resistência ou de transformação não seria devida à força de dominação do ultraliberalismo sobre massas tornadas apolíticas, apáticas, dóceis, mas à incapacidade desse pensamento de refletir e de formular, para seus contemporâneos, as verdadeiras questões do presente e do futuro como questões que lhes dizem respeito e que podem mobilizá-los.

O pessimismo que ela demonstra não faria senão traduzir seu narcisismo ferido, informar sobre um estado de alma feito de ódio de si, de depressão e de ressentimento. Além disso, ao se exprimir apenas no modo da crítica, da recusa, da negação, e ao propor como todo futuro somente "retornos" — aos gregos, ao humanismo renascentista, a Kant —, esforços, ordens, renúncias, essa posição é estruturalmente fraca frente à promessa de liberação e de gozo trazida pela dinâmica ultraliberal e individualista do capitalismo globalizado.

CRÍTICA E RENÚNCIA

Se o que justifica a exclusão do político é claramente a derrota das grandes religiões de salvação terrestre a partir das quais se construía um futuro e a possibilidade de outra sociedade, o que resta para operar a crítica do mundo tal como ele é? A tradição supunha que a crítica se exerce desde um mais-além, ainda que projetado horizontalmente no futuro, e a partir de um modelo determinista do conhecimento. Havia não somente um ideal, mas sobretudo a coincidência prometida entre o real e o ideal. O universal era realizável, e o crítico possuía ao mesmo tempo a teoria, a ideia e o manual prático de aplicação desse universal. Essa crença desmoronou com a crise do espírito, e os que despertaram para o pensamento depois desse tempo conservam sua nostalgia. Sendo assim, o que resta?

É preciso encontrar os recursos da crítica no próprio interior de nosso tempo, guiando-se a partir do que existe. Essa posição modesta não é, de modo nenhum, nova. Era já a postura de Sócrates, e é o que justificou que ele aceitasse o veredicto de seus juízes.

A facilidade seria fazer, nessas condições, com que a crítica não fosse mais do que uma justificação do que é. Já que a democracia liberal, varrida pelo nazismo, pelo fascismo e pelo stalinismo, finalmente triunfou, o mundo da democracia liberal seria nosso horizonte insuperável. Esse mundo, pelo menos, não consumou a morte planejada e industrial, e, mesmo se foi impotente para nos proteger, pelo menos lutou contra ela e conseguiu vencê-la. Isso explica por que toda uma geração acabou por se converter, uma vez desfeita a esperança comunista, a essa democracia liberal, depois de ter-lhe censurado no pós-guerra por não ter sabido nos preservar da desumanização, buscando imputar-lhe uma responsabilidade.

Mas essa posição de justificação deixa nossos críticos muito desamparados diante das desordens, das violências e das injustiças do mundo. A simples recordação dos crimes, e, portanto, dos infernos, não pode ser suficiente para fazer um paraíso; as cerimônias de memória, um projeto; o "isto nunca mais", uma perspectiva[2]. Alguma coisa seria impedida: a utopia, o elã, o ideal, o próprio bem. Pode-se viver sem esperança? Pode-se concordar com o que é sem o risco de uma cumplicidade com o horror que perdura e os males que subsistem, portanto sem traição para consigo mesmo e seus valores? Pode-se praticar a crítica, no mundo onde vivemos, sem ideal e sem projeto?

Frente a essa crise do futuro, da totalidade, do sentido, alguns sentem uma nostalgia por outras épocas e, ao mesmo tempo, um desdém generalizado pela deles, outros renunciam a qualquer perspectiva totalizante de transformação social e se satisfazem com resistências parciais, esporádicas, setoriais. Dos escombros das cidades ideais, eles extraem alguns combates, mesmo

---

[2] Camille de Toledo, *Le Hêtre et le bouleau: essai sur la tristesse européenne*, Paris: Seuil, 2009.

sabendo que realizam um trabalho de Sísifo, porque todo poder é, por princípio, sempre ruim.

A questão política por excelência — como construir um poder justo, atingir o bem comum e realizar a justiça? — não pode mais se colocar sem perigo, pois está carregada de uma nova vontade de potência.

A fraqueza das posições modestas, quando tendem à renúncia e à justificação do que é, é que elas nos desviam da perspectiva de uma crítica mais radical, mais global e mais mobilizadora, nos deixando desamparados ante o curso tumultuoso do mundo. Certamente nossa modernidade exige que a crítica não seja mais exterior, no sentido de que não pode operar a partir da ideia de um bem, de uma justiça e de uma finalidade da história já totalmente constituídos, e cujo conhecimento permitiria a quem o detém ordenar e moldar o mundo e a história à sua lei e ao seu saber. No entanto, a crítica pode ter ambições maiores. Em primeiro lugar, cabe a ela não justificar o que é, inclusive o que permanece injustificável, e assim conservar a capacidade essencial de mostrar o que há de doloroso, de injusto, de inaceitável, de violento na sociedade tal como é e no mundo tal como segue. Para isso, a crítica não tem necessidade de buscar seus valores fora do mundo e da sociedade, fora da civilização e da cultura, em algumas sociedades paradigmáticas ou na construção ideal e abstrata. Ela pode mostrar que a sociedade não respeita valores presentes nela mesma, ainda que minoritários, chegando mesmo a virar as costas aos valores que defende e que são constitutivos de sua identidade.

A CRÍTICA E O POVO

A crítica não pode, no entanto, se contentar em denunciar, em permanecer no trabalho do negativo, mesmo se deve fazê-lo. Ela só poderá reencontrar sua função, seu lugar, sua legitimidade se for capaz de traçar uma perspectiva e uma esperança, não abstrata ou elitista, comunitarista ou individualista, mas que seja uma expressão das aspirações do povo. Fazer isso supõe viver com ele, conhecê-lo, e também considerar que ele tem aspirações, valores, e que não é totalmente desprezível.

O exercício dessa crítica requer uma ligação com o povo e seu tempo, porque ela se efetua no interior, porque deve tentar discernir aspirações não satisfeitas e, às vezes, até contraditórias com o estado social; porque deve também, tanto quanto possível, pôr em movimento rumo à realização aquilo que ela apresenta como melhor, e do qual faz o modelo de seus julgamentos. Para poder empolgar seu povo, o crítico deve conservar uma ligação com ele. Essa ligação pode ser de cólera, de indignação ou de revolta. Não é forçosamente de bajulação ou de conivência. Mas não pode ser exclusivamente de indiferença ou de desprezo. O crítico deve poder, em sua situação e na contingência insuperável desta, compartilhar uma esperança com o povo.

Se essa esperança não tiver razão de ser, então não há crítica possível, não há crítica legítima capaz de ser entendida e de produzir efeitos. Contudo, a esperança deve se voltar para a vida real das mulheres e dos homens aos quais se dirige na realidade de seu lugar e seu tempo, com força e brutalidade, se necessário, mas sempre sem desprezo, e deve poder mostrar o que seria uma transformação concreta da existência de uns e de outros diante das urgências e dos sofrimentos da vida.

Se há que restabelecer certa ligação entre o filosófico e o político, não pode ser em nome de uma restauração ou de uma reação, mas em nome do prazer, do compartilhamento e da esperança. Trata-se claramente de uma política para hoje: não para um mundo que finda e cultiva a nostalgia de um paraíso perdido, mas para um mundo que começa. A questão decisiva para conduzir uma crítica política da dominação consiste, portanto, em enfrentar abertamente as interrogações tradicionais: o que é o prazer? O que é o desejo? O que é uma vida boa? Somente essa atitude fará romper o círculo contemporâneo segundo o qual a democracia liberal, que é nossa raiz, nossa tradição e nosso projeto, se realiza de tal modo que acaba por arruinar seus próprios princípios e por desnaturar seus valores.

Ninguém se mobilizará, nem individual nem coletivamente, se o único motivo que lhe derem for o da ordem, da virtude, do saber, e se o espelho que lhe mostrarem for o da incompreensão ou do desprezo. As grandes ideologias do progresso e da libertação, a começar pelo próprio liberalismo ou pelo marxismo, sempre sustentaram a promessa de uma melhora da condição pessoal de cada um no seio de uma melhora da condição coletiva de todos. Assim, ao perseguirem o interesse de todos e um projeto coletivo, elas ofereceram a cada um a possibilidade de melhorar sua condição individual, não apenas em termos de virtude, de conhecimento ou de dignidade, mas de crescimento, satisfação, utilidade, prazer e reconhecimento. Ter como projeto uma volta a um passado mais ou menos longínquo não permitirá construir um novo progressismo.

Os que pensam que a democracia liberal marca o fim da história compreenderam bem, aliás, que o essencial está aí. A superioridade da democracia liberal estaria no fato de ter possibilitado, em princípio, "um reconhecimento recíproco e universal, no qual cada cidadão reconhece a dignidade e a humanidade de qualquer outro cidadão"[3]. Sua superioridade, portanto, não seria somente racional ou econômica, ligada à razão ou ao desejo, mas teria a ver com o *thumos* (a paixão, a emoção). A ideia de que os homens têm paixões, afetos, emoções e apetites não é vergonhosa. Aliás, o reconhecimento da existência de interesses ou de necessidades religiosas não o é tampouco. Há muito os primeiros socialistas compreenderam o perigo que havia em deixar aos conservadores o monopólio do trabalho, da propriedade ou da família, e há muito os adversários mais temíveis da Igreja católica e de sua dominação compreenderam também que não se devia abandonar-lhes o monopólio do sentimento religioso, da religião ou mesmo da mística. Por que deixar o *thumos* aos apologistas e aos incensadores da sociedade ultraliberal?

Seria enganar-se profundamente sobre a dinâmica do capitalismo e desconhecer a contribuição que o liberalismo deu à dimensão da busca do prazer e do evitamento da dor, bem como à da satisfação do reconhecimento. Querer combatê-los negligenciando esse aspecto das coisas, isto é, em última instância, abandonando-o a eles, seria totalmente ineficaz e conduziria à derrota antes mesmo da batalha.

É desolador constatar que o atual pensamento crítico se reduz a isso. Ele junta uma dose sem precedente de deploração a uma

---

[3] Francis Fukuyama, *La Fin de l'histoire et le dernier homme*, op. cit., p. 18.

dose sem precedente de culpabilização e de desprezo. A deserção cívica a que assistimos é, pelo menos, tanto o efeito da imbecilidade dos intelectuais e da impotência dos reformadores como do poder de enfeitiçamento e de cretinização do ultraliberalismo. O fato de dirigir-se às massas ou ao povo, à soberania popular, começando por considerá-los seres brutos, corrompidos e degenerados pela sociedade de consumo, é um curioso procedimento se o projeto deve ser não se guarnecer num reinado de solidão, mas convencê-los e levá-los a uma vida melhor, mais livre, mais justa e mais cívica.

A NOVA TRAIÇÃO DOS INTELECTUAIS

Há, de um lado, os que tomaram o poder e aceitaram suas regras, utilizando suas vantagens educativas, culturais e econômicas para a busca imoderada do lucro privado. A partir de seu conhecimento das regras e do desvio destas autorizado por esse mesmo conhecimento, eles edificaram seu êxito pessoal sem nenhum cuidado de exemplaridade nem preocupação verdadeira com o bem público. Além disso, tiveram a habilidade de produzir uma ideologia que, pela apologia das virtudes privadas e narcísicas, serve seus interesses. Se essas "elites" pouco se dedicaram à reflexão filosófica, elas editaram, porém, as novas normas culturais do consumo e obtiveram o monopólio dos processos de legitimação do que convém ou não pensar e divulgar. Essa é a traição das elites característica das três últimas décadas.

Mas há uma segunda traição das elites mais específica, talvez menos visível, em todo caso menos comentada, que consiste no fato de intelectuais e filósofos criticarem esse estado de fato, essa situação, mas em condições e segundo mecanismos tais que podem apenas assegurar-lhe a perpetuação. Trata-se aqui de uma nova traição dos intelectuais[4]. A crítica, reduzida à deploração ácida, à zombaria e à ameaça apocalíptica, é um aliado objetivo da exploração, um elemento do sistema, e lhe presta o melhor serviço ao contribuir para que este detenha o monopólio da promessa de prazer e de progresso, reservando-se o papel de

---

[4] Referência ao título do livro *La Trahison des clercs* (1927), de Julien Benda. [N.T.]

resmungão, especializando-se no discurso culpabilizador e elitista. Esses intelectuais têm seu lugar no sistema porque, em realidade, o servem, e o sistema, aliás, os acolhe com favor.

É interessante constatar que atualmente o predador capitalista é que se interessa pelo povo, pelas massas, pelas pessoas comuns, porque são seus clientes, seus alvos, seus consumidores, portanto sua riqueza, suas honras e seu poder. O capitão de indústria faz sondar os corações e o âmago das camadas médias e populares para saber o que esperam, o que desejam, quais são seus gostos, suas opiniões, seus hábitos, e para dar-lhes respostas sob a forma de programas, de lazeres, de produtos, enquanto o crítico se contenta em vir, nos espaços que lhe são reservados, protestar diante do povo por sua "estupidez", sua preguiça, seus comprometimentos, sua frouxidão.

Um discurso da frustração, da resignação, da frugalidade e do esforço é acompanhado de um discurso da culpabilização e do desprezo, forma que adquiriu o chamado à revolta, já que os sujeitos aos quais se dirige são considerados, em primeiro lugar, vítimas embrutecidas, mas complacentes do sistema, incultas, imorais e fundamentalmente já desnaturadas do ponto de vista antropológico a partir do qual se discursa, o belo ponto de vista da racionalidade, do civismo, da generosidade e do cuidado com o outro.

A questão que se coloca é claramente a de uma nova discussão sobre a vida boa e, ao mesmo tempo, sobre o bem comum, numa junção da autonomia individual e da autonomia coletiva que não sacrifique nenhum dos dois elementos. A felicidade privada e a felicidade pública, o interesse pessoal e o interesse geral, a paixão e a razão, o prazer e o esforço devem se conjugar. Se pensamos que a sociedade ultraliberal deve ser combatida, cumpre não apenas denunciar seus perigos, seus abusos, mas abrir um horizonte que fará sua contestação desembocar num prazer maior tanto para os indivíduos como para a coletividade. Isso supõe necessariamente mobilizar interesses sentimentais, intelectuais, psíquicos, corporais. Será preciso tratar também a questão social, a questão política e a questão econômica de outro modo que não abstrato, desgostoso, ou os dois ao mesmo tempo.

A crítica, discurso negativo, deve se transformar em crítica, discurso positivo, e construir um novo imaginário ao qual o indivíduo e a coletividade possam aderir e no qual possam crer, nele encontrando os recursos de uma educação, de uma ação e de uma solidariedade. Pode-se criticar tudo, mas é preciso mostrar que se ama os homens, o mundo e a vida, caso contrário essa crítica se destina a ser um grito solitário, angustiante e repulsivo. Trata-se não só de traçar uma perspectiva capaz de provocar uma adesão, mas de mostrar que esta é o objetivo que se busca ativamente e que se quer merecer por seus esforços e sua devoção.

Querer converter à frugalidade os que nada têm e à vida multicultural aquelas e aqueles que baixam os olhos em sua cidade porque não são de boa família, de bom imóvel, de boa etnia ou de boa religião, é um curioso projeto, cujas chances de sucesso são certamente bastante pequenas. É preciso outra atitude, capaz de se apoiar num desejo comum ou numa situação compartilhada, pois se trata de discutir a possibilidade de uma vida em comum. Quando não há mais essa atitude, seja pela solidão escolhida e reivindicada de uma crítica que não quer se misturar com a infâmia e as mediocridades do mundo, seja pelas diferenças de condições socioeconômicas e culturais entre os universos dos que sabem e dos que não sabem, então de nada serve praticar a crítica, e todo projeto de transformação se torna obsoleto.

CRÍTICA E CONFLITO

A regressão atual do pensamento político pode se caracterizar de várias maneiras. Ela se traduz, em primeiro lugar, pela ocultação da violência e da dimensão trágica do político. A democracia se neutraliza como consenso. Não temos somente os mesmos modos de vida, temos os mesmos sonhos e os mesmos valores. Ninguém busca fazer mal a ninguém, a não ser para se vingar do mal que lhe foi feito. Tudo é psicológico, tudo é escusável, e no fundo somos todos semelhantes e todos identicamente constituídos para amar nosso próximo, querer a prosperidade de todos e a paz universal.

Esse tipo de discurso do consenso é a maior mistificação dos tempos modernos. A ideia mesma de que os interesses de uns e de outros se opõem e se contradizem, de que essas oposições e contradições são o objeto de uma luta que a cada ano faz milhões de vítimas, desapareceu. Quem quer que as crianças trabalhem nas minas? Que indianos sejam expulsos de suas terras? Que as grandes empresas dos Estados democráticos e os consumidores progressistas obtenham seu lucro e gozem do seu conforto em cima da exploração de mulheres, crianças e trabalhadores forçados e sem direitos? Que haja fome e que um bilhão de seres humanos viva no mais completo abandono alimentar e sanitário? Se isso continua acontecendo, ninguém quer, ninguém é responsável, ninguém se aproveita. Ninguém é voluntariamente mau. Não são nem a ignorância nem a fatalidade os responsáveis: é a complexidade.

O fato de a moral kantiana ser compartilhada por todos, mas primeiramente pelas grandes empresas e os grandes bancos, e o fato de ninguém, nesses meios, jamais defender apenas seu interesse, seu lucro e seu país a qualquer preço, leva a dar uma grande confiança a essas empresas e a esses bancos. Eis por que a escolha política que foi feita é a da autorregulação do sistema. Não passaria pela cabeça de ninguém pedir aos ladrões de mobiletes para editarem eles mesmos as normas de proibição e de permissão, para julgarem nos tribunais a conformidade das ações a essas normas e depois pronunciarem eles mesmos as penas, antes de zelarem por sua aplicação. No entanto, é exatamente o que se julgou possível fazer no que toca ao sistema financeiro internacional. A confiança que lhe é dada se justifica pelo fato de ele compartilhar nossa moral kantiana, de o imperativo categórico ser sua lei, de não conhecermos um só financista, *trader* ou especulador que não acorde toda manhã recitando o princípio intangível segundo o qual a máxima de sua ação pode ser erigida como lei universal e expressão de sua vontade. Se as consequências de seus atos não correspondem à pureza de suas intenções, é em razão, sempre, dessa complexidade.

A complexidade é a forma nobre da renúncia contemporânea, uma nova maneira de quietismo. Somos tão sábios, tão prudentes, tão críticos, de certo modo, que o conhecimento se separa da ação, não mais a prepara, a imobiliza. A imperícia do recém-nascido é substituída pela imperícia do que chegou tarde. As experiências acumuladas ao longo de uma história já muito antiga, e que parece ter experimentado todos os possíveis sem que nenhum permita tomar uma decisão, leva a um novo ceticismo.

É uma teoria do escrúpulo generalizado. A crítica não está mais aí para desenhar uma ação no mundo, prepará-la, mas para operar uma retirada, administrar uma indiferença.

A boa vontade dos poderosos de intenções puras e o discurso sobre a "complexidade" do mundo se associam para nos fazer descobrir que esse estado de coisas é também, insidiosamente, a responsabilidade das vítimas, a obra de resistências autóctones, de práticas ancestrais, de mentalidades primitivas e de culturas recalcitrantes que reproduzem o ciclo de seu inferno e de sua miséria.

Aconteceria o mesmo no seio de nossas democracias: apesar dos esforços empreendidos por nossos dirigentes políticos, patronais e pelas "elites" conhecedoras e intelectuais de nossas velhas democracias, certo número de sujeitos recusa o bem que se quer compartilhar com eles, o da prosperidade, do trabalho, do esforço, do mérito, da cultura, do respeito. Fazem a escolha de seu abandono, de sua marginalidade e de seu fracasso.

O que não se compreende, através dessa grande narrativa, é que não haja conflito de valores ou de ideal. Não há sequer conflitos de interesses. Há somente interesses mais ou menos bem compreendidos e mais ou menos bem servidos. Mas esses interesses são os mesmos para todos.

Quanto aos valores, eles são os mesmos: justiça, transparência, democracia, educação, direitos do homem, liberdades públicas, direitos sociais, igualdade entre homens e mulheres. A humanidade, por ser feita da mesma argila, do mesmo estofo, compartilha hoje um mesmo modelo para o indivíduo, a nação, o continente e o mundo.

O CÍNICO E O APROVEITADOR

Já que não há mais que um ideal e este é compartilhado por todos, a única questão que se coloca não tem mais a ver com as convicções, mas com os meios e sua tradução nos fatos.

O cínico é aquele que está convencido da pureza de suas intenções e que não pode acreditar que o desastre das realidades compromete sua responsabilidade. Ele se satisfaz, em meio à desgraça do mundo, com a bondade de sua vontade e a nobreza de seus sentimentos. Pode mesmo fazê-lo com modéstia e humildade. Se deve derramar uma lágrima, murmurar uma indignação, dar prova de compaixão, ele o fará. Está pronto a reconhecer e a deplorar sua impotência em mudar o estado das coisas.

O aproveitador é quem considera que a habilidade de empregar os meios é que deve mobilizar as energias e discriminar os talentos, os méritos e as retribuições. Sendo assim, não lhe preocupam a boa vontade e as declarações de moralidade, mas agir da melhor maneira na situação tal como ela é, com as realidades que se apresentam e sem estados de alma inúteis, ridículos e ineficazes. A figura moderna do aproveitador coincide então com a do tecnocrata que reduz a política a uma arte dos meios.

Diante do temor de que todo ideal traga de volta o totalitarismo, age-se no interior de um quadro necessário e insuperável. Nesse quadro — versão política da teodiceia leibniziana —, a democracia liberal e a economia de mercado aparecem como o melhor dos regimes possíveis: todas as posições são legítimas e morais, e a própria concorrência é um instrumento da ordem ética e política. Foi tal filosofia que nos fez ver as novas "elites" operarem uma pilhagem sem precedente dos bens públicos em nome de um interesse geral que encobre uma voracidade pessoal. Esse fenômeno é um dos mais novos e dos mais característicos de nossa modernidade. É a expressão, para a qual não se presta a devida atenção, da nova burocracia.

A *nomenklatura* e a burocracia não são realidades exóticas e antigas reservadas a um sistema soviético desaparecido: são as formas modernas do capitalismo oligárquico que conhecemos. O único interesse bem servido, nos últimos vinte anos, foi o de algumas dezenas de milhares de pessoas pertencentes a esse núcleo duro, algumas centenas, se ampliarmos um pouco o círculo. Essa oligarquia ainda hoje não cessa, para justificar sua incompetência e a desmedida de seus ganhos privados, de pedir aos concidadãos que aceitem se modernizar e fazer alguns esforços.

Adaptados ao mundo moderno, esses burocratas evidentemente participam das categorias dos aproveitadores e dos cínicos, duas categorias não exclusivas uma da outra. Neles se associam poder em sentido estrito, poder do dinheiro e poder de comunicação. Já faz tempo que as verdadeiras elites administrativas, nossos engenheiros, nossos médicos, nossos pesquisadores, nossos professores, são julgadas como completamente idiotas por essa oligarquia, o critério da idiotice sendo, em primeiro lugar, sua obstinação em querer servir o interesse geral, respeitar uma deontologia, não fazer dos critérios do dinheiro e da malandragem os únicos critérios do êxito, considerar que competências, práticas e devotamento permanecem valores que devem ser reconhecidos e retribuídos. Note-se que, para evitar o perigo de esses indivíduos arcaicos virem perturbar o bom funcionamento do sistema de pilhagem dos bens públicos, fazendo valer seus conhecimentos, suas experiências e suas exigências, busca-se em todos os domínios afastá-los da "governança", novo nome encontrado para legitimar, a favor de imperativos que lhes escapam, sua exclusão do circuito da decisão e da gestão.

AS METAMORFOSES DO ESPAÇO PÚBLICO: EMOÇÃO E SENSIBILIDADE

A democracia não se resume a alguns procedimentos jurídicos. Ela deve permitir a discussão, a deliberação e a escolha no que concerne, no mínimo, às orientações principais da cidade. Isso supõe, desde a origem, certo número de condições, em primeiro lugar um espaço público no qual as opiniões e os argumentos possam ser trocados, as decisões tomadas e o espírito público fazer valer seus direitos e sua legitimidade. O espírito público subjaz a esse processo e, ao mesmo tempo, é o seu produto. Da ágora ao fórum, passando pelos estados gerais ou assembleias, corporações, associações, sindicatos, diferentes conselhos representativos, partidos, escola, universidade, jornais, revistas, livros, rádio, televisão e, atualmente, a *web*, o espaço público é uma construção polimorfa, heterogênea, cuja função é essencial. É no espaço público que se formulam críticas, oposições, aspirações, que se estabelecem diagnósticos e propostas, que se definem as maiorias, que as lideranças emergem, se afirmam, se constroem e se impõem.

Na tradição francesa, o espaço público pós-revolucionário se construiu em torno das assembleias, dos jornais, depois em torno da escola, dos sindicatos, das associações e dos partidos. Ele supõe certo número de condições: pluralismo e independência dos meios de informação e de opinião, vigor e representatividade dos partidos e dos sindicatos, força das associações e realidade da descentralização, autoridade, legitimidade e missões concedidas à escola. Hoje, essa construção frágil, em parte empírica e certamente imperfeita, que foi a de nossa modernidade política, está esgotada. E tanto mais quanto deixamos as capacidades de estruturação desse espaço nas mãos de interesses privados que se tornaram os principais acionistas dos meios de comunicação. O processo de privatização do espaço público e sua apropriação por interesses privados não congruentes com o interesse público são as maiores mudanças a que assistimos e que não avaliamos suficientemente.

Hoje o espaço público é estruturado essencialmente pela televisão, que comanda as assembleias, os partidos e humilha a escola não apenas fazendo concorrência com ela, mas contradizendo-a pela promoção de valores e de comportamentos que estão em oposição com o que lhe pedem para ensinar. O sistema de visibilidade de massa permite tornar invisível o que não é desejável. Todos aqueles e aquelas que recusam esse sistema não têm seu lugar nele. É assim que os sábios, os professores, os sindicalistas e os intelectuais progressivamente desapareceram, assim como os operários e outras categorias da população, da visibilidade nacional e de sua narrativa. Nesse mundo, um pouco como no idealismo absoluto de Berkeley, ser significa ser percebido. Quem não é visto não existe. Uma representação do real substitui o real. Mas essa representação tem uma força performativa. Ela produz progressivamente o real segundo suas próprias normas e suas próprias narrativas. Em breve, é a realidade que vai se assemelhar ao que vemos na televisão.

Fazer-se ver, fazer-se conhecer, organizar sua própria promoção, sua publicidade, é uma atividade que toma muito tempo e energia, mas que sobretudo supõe curvar-se a um grande número de códigos e de regras que não dependem da competência que se deveria ter, entrando mesmo em contradição com ela. Por exemplo, a promoção permanente de sua pessoa está em contradição com a expectativa que se pode ter em relação a um dirigente político cuja virtude primeira deveria ser, ao contrário, a preocupação com o interesse geral.

Isso não significa que não há mais espírito público, mas apenas que este se transformou e se reconstruiu em torno de outros valores. Tal é a última característica da qual a crítica deve ter clara consciência. A irracionalidade é hoje o fator mais poderoso de organização do espaço público. O que prevalece não é nem a relação com a realidade, nem os procedimentos de verificação, nem o rigor dos encadeamentos lógicos e a coerência da argumentação: é a capacidade de provocar a emoção jogando com as motivações mais imediatas e primitivas da sensibilidade. O espaço público, transformado em espaço mercantil animado por uma concorrência feroz para captar os públicos, evacua tudo o que resulta da argumentação para substituir-lhe por fórmulas e *slogans*.

Disso decorre uma segunda característica muito notável desse novo espaço público: sua relação muito frouxa com a verdade. Gaston Bachelard dizia da verdade científica que ela é um "erro retificado". No novo espaço público, um escândalo expulsa outro, um presente toma o lugar de outro. Não se retificam mais os erros. As mentiras ou as aproximações se ostentam na primeira página, seus desmentidos serão relegados em letras minúsculas às páginas internas. Essa relação negligente com a realidade e a verdade, de maneira mais global com a racionalidade, desfaz a ligação de origem entre filosofia e política constitutiva do político. Os bajuladores, os retóricos e os sofistas encontraram o instrumento de sua revanche, instrumento dócil a serviço dos que condenaram Sócrates, dos que obtêm seu poder do dinheiro ou da arte de persuadir.

Nesse universo desrealizado, no qual a representação toma o lugar da realidade, instaura-se progressivamente um corte total entre as palavras e os atos, os discursos e os resultados. O novo espaço público não exige mais da política que ela seja uma ação que se possa julgar por seus resultados e pela conformidade destes com as intenções, os discursos, os programas e as promessas. Basta que ela seja um efeito de anúncio, um discurso persuasivo no instante, um embuste organizado e assumido, já que essa liberação das exigências da ação autoriza todos os expedientes verbais e emocionais. Se a moralidade própria à ação residia precisamente na ligação entre discurso e ação, estamos então no tempo da política imoral.

O poder dos sem poderes

QUAIS NOVAS LUZES?
A contingência da história não tem o poder de apagar os acontecimentos quando eles se produziram. As experiências do século XX devem ser reconhecidas e refletidas. Se pensar não é desviar-se da ação, da realidade, da experiência, cabe à filosofia, em primeiro lugar, levar em conta o que foi. Assim, devemos guardar na memória a eterna atualidade ardente, jamais deixar o fogo se extinguir nem as cinzas esfriarem e se dispersarem.

Ninguém ordena, porém, que essa memória poderosa, viva e mesmo dolorosa deva ser um impedimento de viver, uma impossibilidade de avançar em nosso tempo e de nele cumprir nossa tarefa. Ninguém deseja que a memória das tragédias passadas venha barrar o horizonte, estancar o impulso e o sopro das jovens gerações antes mesmo que tenham crescido. Não desejamos tampouco nos dedicar apenas à vingança das ofensas e dos crimes passados. Ninguém sabe e ninguém deve pretender saber o que é imperdoável.

Essa memória poderosa deve, ao contrário, ser fonte de vida. Ela deve servir à força, à energia, à vontade e ao entusiasmo dos que a honram e a perpetuam. Manter a memória e o pensamento do que se passou, da verdade efetiva, fazer que isso não se reproduza, não é proibir toda esperança, toda utopia ou toda novidade, mas é transmitir uma exigência e uma responsabilidade para com a humanidade, o que é um sinal de respeito e de confiança em relação a ela.

A atitude prometeica que levou aos desastres do século XX exige que o homem afirme, agora, outra coisa que não a possibilidade de seu domínio total sobre a natureza, a história e mesmo o divino. O homem generoso, o homem magnânimo, o filósofo, deve mostrar os limites de sua humanidade e balizar os limites de seu poder. Esse é o caminho, no contexto de nosso tempo, das novas luzes que necessitamos. Somos criaturas finitas, criaturas mortais, e devemos saber que só podemos ter acesso ao universal a partir de um canto do tempo e do espaço.

Para nos orientarmos no pensamento e na ação, precisamos desde já ter o poder de subverter, transgredir e romper todos os preconceitos com que buscam nos atar e nos imobilizar. A filosofia é hoje, como ontem, absolutamente necessária para romper a opinião aceita e provocar a reflexão pela qual a liberdade se põe em marcha e se desenvolve. Gostariam que tivéssemos de escolher entre a justiça e o bem, entre Aristóteles e Kant, entre direitos reais e direitos formais, entre república e democracia, entre socialismo e liberalismo, entre indivíduo e comunidade, entre liberdade e igualdade, e também entre universal e particular. Essas oposições fingidas, essas escolhas que não são escolhas, mantêm o sistema atual da dominação e da vida na mentira.

Essa maneira de não pensar se baseia também num esquecimento, o de toda a tradição, tão poderosa, dos que recusaram essas dicotomias e ultrapassaram essas oposições e esses dualismos. A tarefa crítica é sempre, e ao mesmo tempo, uma tarefa histórica. O que a história oblitera, evacua e esquece nos diz o lugar onde operam a mentira e a falsificação, portanto onde se exercem a violência, o poder e a força em sua crueza. A tarefa crítica é discutir o que se subtrai à discussão e fazer com que nos lembremos daquilo que se quer esquecer. É uma única e mesma tarefa.

DIREITOS DO HOMEM E POLÍTICA

Há muito tempo, no campo progressista, os direitos do homem foram criticados em razão de sua abstração e de seu formalismo.

Eles não só não eram direitos concretos, oponíveis e mobilizáveis, não transformavam a existência concreta e efetiva dos homens, mas, segundo a análise marxista, acabavam por desempenhar um papel ideológico de perpetuação do sistema de exploração e de dominação.

Marx tinha razão de querer que os direitos formais fossem direitos reais, e tinha razão também de denunciar o caráter abstrato do homem dos direitos do homem[1]. Sua fraqueza, segundo Claude Lefort, está na incapacidade de perceber as virtudes dessa abstração e desse formalismo, uma vez que, por sua própria indeterminação, o homem dos direitos do homem esboça a possibilidade de "uma nova relação com o político"[2] que faz dele uma figura capaz de escapar a todo domínio do poder. A indeterminação é aqui o preço a pagar pela democracia.

No socialismo republicano, a conciliação dos direitos reais e dos direitos formais não se paga com o preço muito alto da indeterminação. E ela não abre a porta a essa reivindicação de resistência geral, de moralismo e de individualismo, que é a marca dos direitos do homem em nosso tempo. Para os republicanos liberais e socialistas, a questão que se coloca desde o início é a dos meios que permitam fazer com que os direitos do homem, ligados a uma humanidade compartilhada, sejam de fato os direitos de todos os homens, formais e reais ao mesmo tempo, portanto recusando a ficção dos direitos ligados ao indivíduo atomístico, separada das condições sociais, econômicas, mas também históricas, culturais e filosóficas que possibilitam sua efetividade. Pois, se os direitos do homem devem se integrar numa política, eles não podem ser, em si e por si só, uma política, a não ser que se reduza esta à moral.

Foi exatamente o que se passou nas três últimas décadas. A ideologia dos direitos do homem foi acompanhada de uma crítica à reivindicação de igualdade real, de uma negação do dissenso e do conflito não obstante necessário à democracia, e de uma

---

[1] Claude Lefort considera que a ultrapassagem de Marx deve integrar a crítica de Marx, portanto não deve significar "voltar aquém de Marx".

[2] Claude Lefort, *L'Invention démocratique: les limites de la domination totalitaire*, Paris: Fayard, 1994, p. 73.

limitação da intervenção do Estado. Ela construiu a história a partir de um roteiro simplista e originário, a ideia de uma boa revolução, a de 1789, contra uma ruim, a de 1793. O reinado exclusivo do direito, associado ao mercado, recalcou as realidades históricas que presidem as experiências dos homens e a expressão política conflituosa que, em torno dos poderes político, econômico e simbólico, traduz essas realidades[3].

Os direitos do homem, porém, não foram suficientes para fazer uma política capaz de impedir a ascensão do fascismo, do nazismo ou do stalinismo.

Se todos reconhecem uma dimensão necessária e mínima desses direitos, ninguém pensa que eles possam ser suficientes, inclusive para sua própria efetividade. Os dissidentes mesmos jamais pensaram que a crítica ao totalitarismo significava a absolvição da sociedade ocidental na qual a vida na mentira também existe. Após a queda do totalitarismo, voltamos à situação anterior se nos contentarmos em pensar que os direitos do homem como política poderão nos proteger de seu retorno.

Há uma lógica em recusar toda discussão sensata sobre os fins e os meios, e em contentar-se com uma declaração geral em que se acrescenta, ao reconhecimento abstrato da liberdade de todo homem, o malefício concreto de todo poder. Todo homem é livre por direito e todo poder é mau. Isso pode economizar muitas reflexões necessárias e ações concretas para construir, garantir e tornar efetiva essa liberdade, mas pode também, em nome de certa intransigência democrática, chegar ao ponto de minar os fundamentos modestos e concretos desta última. Foi esse o resultado da política dos direitos do homem de trinta anos para cá.

A concepção do homem, numa política dos direitos do homem, deve ser precisa e determinada, deve se basear em princípios, experiências, limites e conteúdos. Não seria, de modo algum, absurdo, por exemplo, considerar que esse homem não é um homem só, que ele pertence tanto a uma natureza como a uma sociedade. Não se trata, pois, de renunciar a uma política dos direitos do homem. Mas se trata de produzir, primeiramente,

---

[3] Marcel Gauchet, "Les Droits de l'homme ne sont pas une politique", *in: La Démocratie contre elle-même*, Paris: Gallimard, 2002, p. 4.

suas condições de possibilidade e, a seguir, de efetividade. Essas condições dependem, no mínimo, da educação, da economia e da democracia. São condições políticas determinadas.

A VIDA NA VERDADE E A VIDA NA MENTIRA

A questão da democracia política está intimamente ligada à da democracia econômica e social. O político supõe uma determinação particular da natureza da democracia. A questão do poder dos sem poderes é a questão regente e decisiva colocada desde a origem por Sócrates, e a questão da educação ou a da justiça não são senão determinações particulares dela.

No sistema pós-totalitário moderno, do qual devemos ter sempre no espírito que não é simplesmente a descrição do sistema em vigor nas ditaduras comunistas[4], o indivíduo "renuncia à sua própria razão, à sua consciência e à sua responsabilidade"[5].

O sistema vai em sentido contrário à vida, nos ensina Vaclav Havel, e a ideologia tem por função precisamente dissimular esse fato.

Em tal sistema, cada um pode, certamente, conservar para si sua consciência. Mas ela é apenas o produto da interioridade de uma pessoa privada. Se o indivíduo, o cidadão, transfere para o espaço público seu julgamento, então ele se coloca em grave perigo e seus próximos com ele. Sócrates já havia mostrado o risco que corre o filósofo ao fazer política e ao introduzir a questão da verdade na do poder. Cada um pode avaliar e deve saber, por experiências e exemplos encontrados ao seu redor, o que pode custar querer viver na verdade: "O indivíduo não é forçado a crer em todas essas mistificações. Contudo, ele deve se comportar como se acreditasse nelas ou, pelo menos, as tolerasse em silêncio ou, ainda, estar em boas relações com aqueles que as operam. Mas isso já obriga a viver na mentira. Ele não é forçado

---

[4] "O cinzento e o vazio da vida no sistema pós-totalitário não são, afinal, a imagem caricatural da vida moderna em geral? E não somos nós, em realidade [...] uma espécie de memorando fúnebre para o Ocidente, revelando-lhe sua tendência latente?" (Vaclav Havel, *Essais politiques*, Paris: Calmann-Lévy, 1989, p. 86).

[5] *Ibidem*.

a aceitar a mentira. Basta que tenha aceitado viver com ela e nela. Pois, por esse ato, ele já fortalece o sistema, o efetua, o realiza, ele é o sistema"[6].

A ideologia é o cimento que assegura a coesão do poder. Mas, por definição, ela se constrói sobre "as frágeis fundações da mentira. Eis por que só se mostra eficaz enquanto o indivíduo está disposto a viver na mentira"[7]. Não há sistema pós-totalitário que não se baseie no "autototalitarismo da sociedade"[8].

O sistema supõe que todos sejam subjugados e, portanto, que todos sejam cúmplices, em todos os níveis. Cada cidadão é um policial: para seu vizinho, para sua família, para si mesmo. Como Merleau-Ponty em "A guerra aconteceu", Vaclav Havel recusa o conflito entre os chefes e as massas. A força do sistema pós-totalitário está, precisamente, em abolir esse conflito, em neutralizá-lo, em imanentizar não mais Deus, mas o poder, a ordem, a lei e a polícia em cada cidadão. O indivíduo renuncia a si mesmo, e é uma disposição pessoal que o conduz a isso. Eis por que o totalitarismo não é um conflito entre duas entidades ou dois princípios, mas "uma crise da própria identidade"[9]. Ninguém é sem poder, cada um é uma parte dele, um instrumento e uma peça de engrenagem.

Esse assunto não nos é alheio. Não se trata de um conflito Leste/Oeste ou de uma oposição entre chefes e massas; trata-se de um conflito antropológico entre duas possibilidades humanas, a vida na verdade e a vida na mentira, ao qual cada um de nós é confrontado. A questão da democracia se coloca nesses termos.

A vida na verdade, quando revela a vida na mentira como tal, não provoca um conflito tradicional entre dois poderes. Seu lugar é "a consciência humana"[10]. A vida política se estrutura em torno do uso público e não privado da consciência. O político, por oposição à política, se dá no pré ou no metapolítico, lá onde se opõem vida na verdade e vida na mentira[11], e não lá onde se organiza

---

6 *Ibidem*, p. 77.
7 *Ibidem*, p. 82.
8 *Ibidem*, p. 83.
9 *Ibidem*, p. 85.
10 *Ibidem*, p. 90.
11 *Ibidem*, p. 97.

a luta pelo poder e onde, uma vez conquistado, ele se exerce. O verdadeiro poder é o dos sem poderes a partir do momento em que tomam consciência dele, o assumem e o exercem, a partir do momento em que escolhem viver na verdade.

A questão não é a do poder — quem o possui? Quem o exerce? — nem a do melhor poder, pois sabemos que todo poder pode ser de novo, amanhã, "uma nova variante da servidão humana"[12]. A única e verdadeira política é a dos meios "da vida humana". As verdadeiras consequências políticas partirão daí, do modo como vamos elaborar, fora da política, a questão da vida humana, de como vamos reordenar nosso lugar em relação a nós mesmos, a outrem e ao mundo[13]. Isso supõe condições políticas, uma educação, uma cultura, uma arte, uma justiça e liberdades.

Nas grandes mutações históricas e políticas, nas grandes transformações e nas grandes tragédias, os políticos estão ausentes ou são fracos. Outros homens surgem. Isso não acontece por acaso e não é circunstancial. Isso se reproduz sempre. A ideia de uma política "antipolítica"[14] significa que o político não é a política, não é a questão do poder, mas sim a da vida na verdade. Um sindicalista, um militar, um homem de teatro, um jornalista, um filósofo abalam, então, o mundo muito mais do que jamais o farão os políticos. A vida na verdade é o outro nome dessa disposição do político como ligação do político e do filosófico. Não deixemos os homens do poder, do dinheiro e da bajulação julgar Sócrates uma segunda vez. Não os deixemos uma segunda vez condená-lo à morte.

---

[12] *Ibidem*, p. 102.
[13] *Ibidem*, p. 103.
[14] *Ibidem*, p. 245.

Referências

ABENSOUR, Miguel. *La Démocratie contre l'État: Marx et le moment machiavélien*. Paris: Le Félin, 2004.
AGAMBEN, Giorgio. *Qu'est-ce que le contemporain?*. Paris: Rivages Poche, 2008.
ALTHUSSER, Louis. *Machiavel et nous*. Paris: Tallandier, 2009.
ARENDT, Hannah. *Condition de l'homme moderne*. Paris: Calmann-Lévy, 1983.
ARISTÓTELES. *Ética a Eudemo*, livro VII.
_____. *Ética a Nicômaco*, livros VI e X.
_____. *Grande moral*, livro II.
ARON, Raymond. *D'une sainte famille à l'autre: essai sur les marxismes imaginaires*. Paris: Gallimard, 1969.
AUBENQUE, Pierre. *La Prudence chez Aristote*. Paris: PUF, 2009.
AUDIER, Serge. *Machiavel: conflit et liberté*. Paris: Vrin/EHESS, 2005.
BACHELARD, Gaston. "Introduction". *In*: *L'Activité rationaliste de la physique contemporaine*. Paris: PUF, 1951.
BARNI, Jules. *La Morale dans la démocratie*. Paris: Germer Baillière, 1868.
BENDA, Julien. *La Trahison des clercs*. Paris: Grasset, 1927.
BENJAMIN, Walter. "Sur le concept d'histoire". *In*: *Oeuvres*, t. 3. Paris: Gallimard, 2000.
BENOIST, Jean-Marie. *Marx est mort*. Paris: PUF, 1994.
BIMBENET, Étienne. *Nature et humanité: le problème anthropologique dans l'oeuvre de Merleau-Ponty*. Paris: Vrin, 2004.

CASTORIADIS, Cornelius. "La Crise des sociétés occidentales". *In*: *La Montée de l'insignifiance*, t. 3. Paris: Seuil, 1996.

CHENIAL, Philippe. *Justice, don et association: la délicate essence de la démocratie*. Paris: La Découverte, 2002.

_____. *La Délicate Essence du socialisme*. Latresne: Le Bord de l'Eau, 2009.

CORCUFF, Philippe. "Actualités de la philosophie politique de Merleau-Ponty". *Mediapart*, jan. 2009.

D'ALLONES, Myriam Revault. *Merleau-Ponty: la chair du politique*. Paris: Michalon, 2001.

EHRENBERG, Alain. *La Société du malaise*. Paris: Odile Jacob, 2010.

FOUCAULT, Michel. *Les Mots et les choses*. Paris: Gallimard, 1966.

_____. *Le Gouvernement de soi et des autres: cours au Collège de France (1982-1983)*. Paris: Seuil; Gallimard, 2008.

_____; KANT, Immanuel. *Antropologie du point de vue pragmatique et Introduction à l'antropologie*. Paris: Vrin, 2008.

FRANK, Manfred. *Le Dieu à venir*, lições I e II. Paris: Actes Sud, 1989.

FUKUYAMA, Francis. *La Fin de l'histoire et le dernier homme*. Paris: Flammarion, 1992.

_____. *La Fin de l'homme: les conséquences de la révolution biotechnique*. Paris: Folio, 2004.

GARAUDY, Roger; COGNIOT, Georges. *Mesaventures de l'antimarxisme: les malheurs de M. Merleau-Ponty*. Paris: Éditions Sociales, 1956.

GAUCHET, Marcel. *Le Désenchantement du monde*. Paris: Gallimard, 1985.

_____. "Les Droits de l'homme ne sont pas une politique". *In*: *La Démocratie contre elle-même*. Paris: Gallimard, 2002.

_____. *La Condition historique*. Paris: Stock, 2003.

_____. *La Démocratie d'une crise à l'autre*. Nantes: C. Defaut, 2007.

_____. *L'Avènement de la démocratie*, v. 1, 2 e 3. Paris: Gallimard, 2007-2010.

GORZ, André. *Écologica*. Paris: Galilée, 2008.

HAVEL, Vaclav. *Essais politiques*. Paris: Calmann-Lévy, 1989.

HESCHEL, Abraham. *Dieu en quête de l'homme: philosophie du judaïsme*. Paris: Seuil, 1968.

HORKHEIMER, Max; ADORNO, Theodor W. *La Dialectique de la raison*. Paris: Gallimard, 1974.

JAURÈS, Jean. *L'Action socialiste*. Paris: Librairie de la Revue Socialiste, 1899.

_____. *De La Réalité du monde sensible*. Paris: Alcuin, 1994.

JONAS, Hans. *Le Concept de Dieu après Auschwitz*. Paris: Rivages Poche, 1994.

KANT, Immanuel. *Logique*. Paris: Vrin, 1982.

LE BLANC, Guillaume. *La Pensée Foucault*. Paris: Ellipses, 2006.

LEFORT, Claude. *Le Travail de l'oeuvre: Machiavel*. Paris: Gallimard, 1972.

_____. "Avant-Propos"e "La Question de la démocratie". *In*: *Essais sur le politique. XIXe-XXe siècles*. Paris: Seuil, 1986.

_____. *L'Invention démocratique: les limites de la domination totalitaire*. Paris: Fayard, 1994.

MAUSS, Marcel. "Essai sur le don". *In*: *Sociologie et Anthropologie*. 9. ed. Paris: PUF, 1985.

MEILLASSOUX, Quentin. "Deuil à venir, dieu à venir". *Critique*, n. 704-705, jan-fev. 2006.

MERLEAU-PONTY, Maurice. *Phénoménologie de la perception*. Paris: Gallimard, 1945.

_____. *Humanisme et terreur: essai sur le problème communiste*. Paris: Gallimard, 1947.

_____. *Signes*. Paris: Gallimard, 1960.

_____. *Structure du comportement*. Paris: PUF, 1960.

_____. *Éloge de la philosophie et autres essais*. Paris: Gallimard, 1960.

_____. *Sens et non-sens*. Paris: Nagel, 1966.

_____. *Résumés de cours au Collège de France*. Paris: Gallimard, 1968.

_____. *La Prose du monde*. Paris: Gallimard, 1969.

_____. *Le Primat de la perception*. Paris: Verdier, 1996.

_____. *Notes de cours (1959-1961)*. Paris: Gallimard, 1996.

_____. "Christianisme et ressentiment". *La Vie intellectuelle*, ano 7, t. 36, jun. 1935. *In*: *Parcours I. 1935-1951*. Paris: Verdier, 1997.

_____. *Les Aventures de la dialectique*, Paris: Folio, 2000.

_____. *Parcours II. 1951-1961*. Paris: Verdier, 2001.

MICHÉA, Jean-Claude. *L'Empire du moindre mal: essai sur la civilisation libérale*. Paris: Flammarion, 2010.

MILLER, Henry. *Le Temps des assassins: essai sur Rimbaud*. Paris: Oswald, 1970.

NIETZSCHE, Friedrich. *Considérations inactuelles*. Paris: Gallimard, 1970.

PASCAL, Blaise. *Pensées*. Paris: Pléiade, [s. d.].

PEILLON, Vincent. *La Tradition de l'esprit: itinéraire de Maurice Merleau-Ponty*. Paris: Grasset, 1994.

_____. *Pierre Leroux et le socialisme républicain: une tradition philosophique*. Latresne: Le Bord de l'Eau, 2003.

_____. *La Révolution française n'est pas terminée*. Paris: Seuil, 2008.

_____. *Une Religion pour la République: la foi laïque de Ferdinand Buisson*. Paris: Seuil, 2010.

POCOCK, John Greville Agard. *Le Moment machiavélien*. Paris: PUF, 1977.

RAWLS, John. *Uma teoria da justiça*. São Paulo: Martins Fontes, 2016.

RENOUVIER, Charles. *La Science de la morale*. Paris: Félix Alcan, 1869.

REY, Jean-Michel. *Paul ou les ambiguïtés*. Paris: Éditions de l'Olivier, 2008.

SAINT-AUBERT, Emmanuel de. *Du lien des êtres aux éléments de l'Être: Merleau-Ponty au tournant des années 1945-1951*. Paris: Vrin, 2004.

_____. *Le Scénario cartésien: recherches sur la formation et la cohérence de l'intention philosophique de Merleau-Ponty*. Paris: Vrin, 2005.

_____. *Vers une ontologie indirecte: sources et enjeux critiques de l'appel à l'ontologie chez Merleau-Ponty*. Paris: Vrin, 2006.

SAINT AUGUSTIN. *Les Confessions*, livros 3 e 9. Paris: Gallimard, [s. d.].

SANDEL, Michael. *Le Libéralisme et les limites de la justice*. Paris: Seuil, 1999.

SARTRE, Jean-Paul. "Merleau-Ponty vivant". *Les Temps modernes*, n. 5, especial *Maurice Merleau-Ponty*, n. 184-185.

SKINNER, Quentin. *Machiavel*. Paris: Seuil, 2001.

SPITZ, Jean-Fabien. *Le Moment républicain en France*. Paris: Gallimard, 2005.

SUPIOT, Alain. *Homo juridicus: essai sur la fonction anthropologique du droit*. Paris: Seuil, 2005.

TOLEDO, Camille de. *Le Hêtre et le bouleau: essai sur la tristesse européenne*. Paris: Seuil, 2009.

VALADIER, Paul. *Machiavel et la fragilité du politique*. Paris: Seuil, 1996.

VERNANT, Jean-Pierre. "Naissance du politique". *In: Oeuvres: religions, rationalités, politiques*. Paris: Seuil, 2007.

VINCENT, Jean-Marie. *Max Weber ou la démocratie inachevée*. Paris: Le Félin, 1998.

Sobre o autor

Vincent Peillon é filósofo e deputado europeu. Entre seus principais livros, estão *Une Religion pour la République* (2010), *La Révolution française n'est pas terminée* (2008), *L'Épaisseur du* cogito: *trois études sur la philosophie de Maurice Merleau-Ponty* (2004), *Pierre Leroux et le socialisme républicain* (2003), *Jean Jaurès et la religion du socialisme* (2000) e *La Tradition de l'esprit: itinéraire de Maurice Merleau-Ponty* (1994).

Fontes	Druk, Lyon Text e National
Papel	Supremo Duo Design 300 g/m² (capa)
	e Pólen Bold 90 g/m² (miolo)
Impressão	Gráfica Editora Aquarela S/A
Data	Maio de 2018